페트라

요르단의 세계 신 7대 불가사의
에돔족과 나바테아족의 본고장

| 글·사진 **이지영** |

쿰란출판사

중동의 고고학 연대기

구석기(Paleolithic)	200,000 BC-14,000 BC
중석기(Mesolithic)	14,000-7000 BC
신석기(Neolithic)	7000-4000 BC
(Chalcolithic)	4000-ca. 3300 BC
청동기(Bronze Age)	ca. 3300-1200 BC
초기 청동기	ca. 3300-1950 BC
중기 청동기	ca. 1950-1550 BC
후기 청동기	ca. 1550-1200 BC
철기(Iron Age)	1200-539 BC
1기 철기	1200-1000 BC
2기 철기	1000-539 BC
페르시아(Persian Period)	539-332 BC
헬라(Hellenistic)	332-63 BC
로마(Roman)	63-324 AD
비잔틴(Byzantine)	324-636 AD
아랍(Arab)	636 - 1099 AD
십자군(Crusader)	1099 - 1291 AD
마물룩(Mamuluke)	1247 - 1507 AD
오토만 터키(Ottoman) _	1517 - 1917 A

요르단 지도

중동 지도

서문

"영원의 절반만큼 오래된, 장밋빛 같은 붉은 도시"라고 영국의 시인 윌리엄 버건은 페트라를 노래했다. 페트라는 죽기 전에 꼭 가봐야 할 50곳 중에 하나로 BBC 방송이 선정한 곳이다.

또 세계적인 영화 "인디아나 존스" 제 3탄 '최후의 성배' 편의 배경이 되었고, "트랜스포머 2" 영화의 배경이 된 곳이다. 2008년 프랑스의 사르코지 대통령이 연인이던 칼라 브루니와 주말여행을 왔던 곳이다. 같은 해에 성악가 파바로티의 추모 공연이 열린 곳이다. 2011년 영국의 윌리엄 왕자가 결혼 후 신부와 함께 신혼여행을 왔던 곳이다.

2014년 9월에는 우리나라 드라마 "미생"을 촬영한 곳이기도 하다. "미생" 촬영 시 주인공 배우들과 함께 하며 현장을 찍었다 (다음 블로그: 중동여행의 달인, 다음 카페: 성지 순례와 중동여행 카페 참조.) 그 외에도 유럽의 많은 정치 지도자 및 국가 대표들이 방문했던 곳이다. 우리나라 정치 지도자들이나 경제인들, 학자들, 그리고 관광객들이 요르단에 왔다 반드시 들렀던 곳이기도 하고 앞으로도 줄기차게 계속 올 곳이다.

페트라에 관한 책들이 많이 나왔으나 영어나 기타 언어들뿐이다. 다른 언어들로 쓰여진 책들은 여럿 보았지만 한국어로 쓰여진 책은 보지 못해 도전 정신이 발동해 본서를 쓰게 되었다. 또한 페트라에 다녀가신 분들이나 앞으로 페트라에 오실 분들에게 페트라의 전체적인 모습을 소개하고 싶은 작은 사명감 때문이기도 하다. 대부분 늘 시간에 쫓겨 일부 유적지만 보고 가기 때문이다.

2009년처럼 글로벌 경제위기로 된서리를 맞아 여행업이 휘청거리는 해에는 일이 많지 않은 대신 잠잠히 책 쓰는 데 몰두할 수 있었다. 2012년은 또 어떤가? 중동 국가들 여기 저기서 민주화 바람으로 아랍의 봄이 붉은 피로 물들자 여행객의 발걸음이 뜸해졌다. 2015년 초에는 요르단 조종사가 시리아에서 IS에게 포로로 잡혔다 화형을 당한 일이 생겼다. 그러자 압달라 국왕이 가서 시리아를 공격하는 일이 발생했다. 이로 인해 매년 1월부터 3월까지 성수기인데 큰 타격을 입게 되었다.

그러나 그것은 예고편에 불과했고 5월이 되자 메르스가 한국에 퍼져 여행사들 전체가 파리를 날리게 되었다. 11월에는 IS가 파리 시내에 폭탄 테러를 일으켜 IS에 대한 두려움 때문에 중동을 향하는 여행객들의 발걸음은 점점 줄어들었다. 2016년 6월에는 터키 이스탄불 공항 폭발, 7월에 터진 터키 쿠테타는 중동 여행에는 최악의 악재로 자리잡았다. 일이 없고 수입이 없는 대신 시간이 많아졌다. 위기는 곧 기회라는 말이 있다. 한가한 틈을 이용해 페트라뿐만 아니라 요르단과 중동을 알리는 글을 쓸 수 있게 되어 감사하다.

또한 한국어와 한국문화 전파를 위해 요르단에 한국문화원 및 고고학센터를 개설하였다. 요르단 정부에서 허가를 받아 공식적으로 활동하고 있다. 한국과 요르단이 문화를 교류할 뿐만 아니라 이곳이 아랍 사람들과 자유롭게 만나고 대화할 수 있는 통로가 되길 간절히 바라고 있다.

이 책을 쓰면서 나 또한 페트라에 대해 더 깊이 있게 공부할 수 있어 너무 좋았다. 책에 넣을 사진을 찍으려 하다 보니 저 깊은 곳과 저 높은 곳 구석구석까지 다 섬세하게 다녀볼 수 있어서 좋았다.

현지에 살면서도 페트라에 대해서 또 주변에 대해서 잘 몰랐듯이 한국에 계시는 분들도 잘 모를 텐데, 이 책을 통해 많은 사람들이 페트라와 중동에 대해 호기심이 생기고 더 잘 알게 되어 생에 한 번 꼭 페트라에 와 볼 수 있길 바라는 마음 간절하다.

이 책을 쓰는 동안 내게 성령 충만함과 지혜를 주신 하나님께 감사한다. 매 순간 하나님의 말씀에 의지하여 힘을 얻지 않았다면 오늘의 나는 존재할 수 없었을 것이다. 세월의 흐름 속에 약해진 육신의 고통 가운데서도 사막에 살고 있지만 세상 끝 날까지 함께해 주시겠다고 약속하신 하나님의 사랑과 은혜에 힘을 얻고 감사하다. 지금은 내 곁을 떠나 하늘에 계신 부모님께도 감사한다. 그리고 다 커서 내 곁을 떠나 독립적으로 살고 있는 아이들에게도 참 감사하다. 내게 늘 자랑스럽고 보고 싶은 존재이기에 나는 늘 행복하다. 요르단에는 우리 부부만이 살고 있다. 가족은 생각하는 것 자체로도 큰 힘이 된다.

2016년 10월
암만, 요르단에서
이 지 영

차례

중동의 고고학 연대기 … **2**

요르단·중동 지도 … **3**

서문 … **4**

I. 장밋빛 도시 페트라

1. 세계 신(新) 7대 불가사의가 되던 날, 그 영광의 순간 … **13**

2. 페트라의 뜻 … **17**

3. 페트라의 지리적 위치 … **18**

4. 사도 바울은 페트라에 갔을까? … **20**

5. 페트라의 역사 … **25**

6. 페트라 발견 … **31**

7. 페트라의 볼거리들 … **36**

- 말 타기 / 낙타 타기 / 마차 타기 • 더진 블록 • 오벨리스크 무덤
- 바위 사이로 난 길 : 시크(Siq) • 댐(알 무뜨림 수로, Al Muthlim water tunnel)
- 수로 • 낙타 상인 부조 • 두 개의 신 블록 • 알 카즈나 신전(보물 신전)
- 로마 야외극장 • 희생제물의 언덕(High Place of Sacrifice)
- 왕족 무덤들(Royal Tombs) • 궁전 무덤(Palace Tomb) • 비잔틴 교회
- 열주로(Colonnaded Street & Arched Gate) • 님프 신전 • 두 사자 신전
- 대신전과 작은 로마 극장(Theatron) • 카스를 빈트(공주의 성) • 바로의 기둥
- 호르 산(아론의 무덤) • 비잔틴 시대의 교회 터 • 와디 아라바(아라바 계곡)
- 수도원(The Monastry, Al Deir) • 투르크마니야 길 • 옴 알 비야라
- 와디 사브라(Wadi Sabra) • 뱀 신전(Snake Monument) • 페트라 박물관
- 모세의 샘(아인 무사) • 코끼리 언덕 • 와디람 • 세렛 강(현재명 와디 알하사)

II. 페트라를 차지했던 에돔족, 그들은 누구인가?

1. 아브라함의 후예, 에서의 후예 … **99**
2. 에돔족이 페트라에 정착한 시기 … **100**
3. 에돔족이 차지했던 영토 … **101**
4. 에돔족의 통치체제 … **102**
5. 에돔족과 이스라엘의 관계 … **103**
6. 페트라 주변의 광야 생활 38년 … **109**

III. 페트라를 차지했던 또다른 주인공 나바테아족, 그들은 누구인가?

1. 나바테아족 역사 … **115**
2. 나바테아족 영토 … **117**
3. 나바테아족 기원 … **117**
4. 나바테아족 유적 … **121**
5. 나바테아족과 에돔족의 관계 … **123**
6. 나바테아족과 헤롯 가문의 관계 … **126**
7. 나바테아족 종교 … **126**
8. 나바테아족의 무역로와 무역 상품들 … **128**
9. 향료길(Incense Road) … **130**
10. 솔로몬과 시바 여왕 … **137**
11. 왕의 대로(King's Highway) … **147**
    - **비아 마리스**(Via Maris) ● **비단길**(Silk Road)
12. 나바테아족의 멸망 … **153**
13. 나바테아족이 주는 역사적 교훈 … **156**

Ⅰ. 장밋빛 도시 페트라

I. 장밋빛 도시 페트라

1.
세계 신(新) 7대 불가사의가 되던 날, 그 영광의 순간

2007년 7월 7일, 포르투갈에서 세계 '신(新) 7대 불가사의' 최종 투표가 있었다. 페트라는 당당하게 세계 신(新) 7대 불가사의에 선정되었다.

무엇이 불가사의하다는 말인가? 무엇이 페트라를 세계 7대 불가사의에 새롭게 선정되도록 만들었을까?

불가사의하다는 것은 말 그대로 불가사의한 것이다. 그런데 자연적으로 만들어진 것은 불가사의하다고 부르지 않는다. 그것은 자연경관일 뿐이다. 사람이 만들었으되 그 사람들이 그 시절에 어떻게 그렇게 훌륭한 건축물 아니면 조각을 만들었을까? 그야말로 불가사의하다고 생각하여 불가사의로 지정하는 것이다.

그렇다면 페트라에서는 어떤 것이 불가사의하다고 여겨지는가? 바로 페트라 안에 지어진 알 카즈나 신전(보물 신전)이다. 이것을 만든 주인공들은 양을 치던 베두인이었던 나바테아족인데, 기원전 200여 년 전 어쩜 이렇게 정교하고 훌륭한 신전을 바위를 파서 건축할 수 있었을까 놀랍다는 것이다.

알 카즈나 보물 신전은 그레코로마 양식으로 섬세하고 정교하게 조각된 신전이다. 사막 한가운데 그레코로마 양식의 건축물이 있다는 것은 그 당시 문화교류가 이루어졌다는 것을 의미한다. 그리스 로마에 가서 모방을 해왔든지, 아니면 그곳의 기술자들을 데려다 신전을 건축했을 것이다.

페트라, 특히 알 카즈나 신전은 다른 곳에서 돌을 옮겨와서 만든 것이 아니고 기존의 사암을 파내는 방식으로 신전을 만들고 무덤을 판 것이다. 아무 가치가 없는 바윗덩어리를 멋지게 깎으니 귀한 신전이 되고 무덤도 되고 집도 되었다.

그 당시 양을 치며 살던 베두인 나바테아족들이 어떻게 바위를 깎아 만들 생각을 했을까. 대단하게 생각된다. 어떻게 돌을 파서 굴을 만들고 신전을 만들 수 있었을까. 한편으로는 그것이 조금은 수월하게 가능할 수 있었던 이유는 바위들이 모두 모래가 굳어 만들어진 사암이었기 때문이리라. 사암이라 돌을 파거나 조각하기가 대리석처럼 어렵지는 않았다.

지금도 베두인들은 천연 색상의 바위를 갈아 그 모래로 유리병에 낙타 모양도 만들고 사막의 나무와 달을 만들어 수입을 올리고 있다.

페트라가 불가사의하게 여겨지는 또 다른 것은 거미줄처럼 깔려 있는 바위를 파서 만든 수로이다. 이 수로는 수도시설과 같은 것인데 페트라 안과 광야에 사람이 살 수 있도록 정교하고 과학적으로 파 놓았다. 광야 한가운데서 나바테아족이 번성할 수 있었던 비결은 바로 턱없이 부족한 물을 잘 보관하고 흐르도록 수로를 만들었던 것이다. 물은 지하수 물과 겨울에 내리는 비나 눈을 이용하였다.

이 물들을 수로로 이용해 농사도 짓고 생활용수로도 사용할 수 있어서 광야에서 살아남고 버틸 수 있었다.

2007년 7월 7일은 요르단에 역사적인 날이었다. 중동 국가치고 요르단은 석유나 천연자원이 없는데, 세계적인 관광지 페트라가 7대 불가사의로 뽑힌 것은 신의 축복이었다. 불가사의로 뽑힌 뒤에는 입장료도 대폭 올려 과거 외국인들의 입장료가 30달러 하던 데서 72달러(환율 적용)로 껑충 뛰게 되었는데, 입장료 또한 불가사의하게 되었다. 자국민의 입장료는 2달러 정도밖에 하지 않는다.

2007년 7월 7일에 세계 7대 불가사의 재단이 전 세계적으로 7대 불가사의를 재투표했는데, 새로 선정된 7대 불가사의 목록은 다음과 같다.

① **중국의 만리장성**
중국의 진시황이 북방 유목민의 침입을 저지하기 위해 쌓은 만 리나 되는 성이다.

② **요르단의 페트라**
사막 한가운데 오아시스 페트라에 나바테아족들이 바위를 깎아 만든 도시가 있고, 그 깊은 계곡 속에는 보물 신전이 건축되어 있다.

③ **멕시코의 마야 문명(치첸이차 피라미드)**
잃어버린 마야 문명

④ **페루의 잉카 문명(마추픽추)**
해발 2,430미터 고원에 우뚝 솟은 잉카 문명이 있다.

⑤ **로마의 콜로세움**
글래디에이터들의 삶과 죽음이 피로써 배어났던 경기장

⑥ **인도의 타지마할**
인도 무굴 왕조의 샤자한 황제가 황비 마할의 죽음을 애도하며 만들었던 궁

⑦ **브라질의 거대한 예수상/그리스도상**
바닷가 가장 높은 꼭대기에 38미터 높이의 예수상

사실 전 세계에 남아 있는 유적들 중에 위의 7가지 외에도 불가사의하고 놀라운 유적들이 많다. 위의 7가지보다 더 불가사의하게 생각되는 유적들이 있긴 하지만 투표 방법이 인터넷 투표로 이루어지다 보니 나라의 경제 수준이 떨어지는 곳은 국민들이 컴퓨터가 없고 인터넷을 사용할 수 없어 등록이 안 된 안타까운 경우들도 있다.

그렇다면 고대의 7대 불가사의에는 어떤 것들이 있었는가?

① **이집트의 피라미드**

② 이라크 바빌론 공중정원
③ 소아시아 터키, 에페수스 신전(에페수스의 아르테미스 신전)
④ 그리스의 올림피아 제우스 신상
⑤ 로도스 항구 청동상
⑥ 그리스의 할리카르나소스 (Halicarnassos 마우솔레움)
⑦ 이집트 알렉산드리아 항구의 파로스 등대

이집트의 피라미드는 워낙 이해할 수 없는 불가사의라서 그것은 명예 불가사의로 계속 남아 있다고 한다.

2.
페트라의 뜻

페트라란 '바위'라는 뜻이다. 성경의 베드로(Peter)가 바위, 반석이라는 뜻이 있듯이 같은 라틴어 어원으로 바위나 반석을 의미한다.

페트라는 암벽을 깎아 만든 각종 신전, 무덤들이 자연 그대로의 색상과 구조로서 감탄을 자아내게 한다. 페트라는 전체가 바위산으로서 이것들을 깎아서 유적들을 만들었고 그렇기 때문에 오랜 세월 속에서도 무너지지 않고 보존될 수 있었다. 이외에도 구약시대 모세의 형 아론의 무덤이 호르 산 꼭대기에 있어 기독교인들뿐만 아니라 유대인, 무슬림에게도 빼놓을 수 없는 성지다.

3.
페트라의 지리적 위치

요르단의 수도 암만에서 서남쪽으로 250킬로미터 정도 떨어져 있다. 자동차로 쉬지 않고 달릴 경우 3시간 정도가 소요된다. 아무래도 장거리이다 보니 가다가 한 번쯤은 휴게소에서 쉬면서 주변 사막을 감상하는 것이 지혜로운 방법이다. 아카바 항구에서 페트라로 올라가자면 차로 2시간 정도가 소요된다. 아카바에서 페트라까지 145km이다.

요르단은 지리상 위치가 북위 28-33도이며 동경 35-39도에 있는 국가로서 중동의 중앙을 차지한다. 중동의 심장이라고도 말할 수 있다. 이는 페트라 또한 중동의 중심부에 있다는 것을 의미한다. 요르단은 다섯 나라를 바로 옆에 접하고 있다. 서쪽으로는 이스라엘, 북쪽으로는 시리아, 동쪽으로는 이라크, 남쪽으로는 사우디아라비아와 이집트 등과 국경을 바로 맞대고 있다.

바로 옆에 접하지 않는 나라라 하더라도 중동의 중심부에 있다 보니 다른 나라를 경유해서 거의 모든 중동국가들을 차로 다닐 수가 있다. 이러한 지리적인 이점 때문에 페트라는 과거 왕성한 무역로가 관통한 데다가 아주 중요한 전략적 위치를 이용하여 어마어마한 부를 이룰 수 있었다.

요르단과 페트라는 지금도 중동의 중앙을 차지하고 있으며 성경의 성지들과 일반 관광지 중에서도 중요한 위치를 차지하고 있다.

요단 강은 모든 사람들이 알고 있지만 그 강이 요르단에 있어서 요르단 강 혹은 요단 강이라고 부른다는 것은 쉽게 연관 짓지 못한다. 요르단에는 성경에 언급된 지역들이 400군데가 넘을 정도로 엄청난 성지들이 있다. 암몬, 모압, 에돔족이 살던 땅이었고, 출애굽 당시 38년간 광야생활을 했던 곳, 모세, 야곱, 엘리야, 예수님, 세례 요한, 사도 바울의 발자취 등을 직접 눈으로 보고 경험해 볼 수 있는 중요한 곳이다. 성경을 공부하는 분들 중에 아직도 요르단을 와보지 않은 분이 있다면 빨리 요르단을 방문하는 것이 좋다. 신앙생활에 좋은 투자가 될 것이라고 확신한다.

요르단의 현재 인구는 대략 일천만 명 정도이다. 불과 30년 전만 해도 300만도 안 되는 적은 인구가 급격히 늘어난 이유가 있다. 2003년 이라크 전쟁을 전후하여 이라크 난민들 100만 명 정도가 요르단으로 들어왔고, 최근에는 아랍의 민주화 이후 2011년에 시리아에 내전이 발생하고 내전 통에 100만 명이 넘는 시리아 난민들이 요르단으로 유입되었기 때문이다.

그 외에도 예멘, 리비아, 이라크, 시라아 등에서 내전으로 부상당한 남자들이 치료를 받기 위해 요르단에 많이 왔다. 요르단은 중동국가들 중에서는 의료 강국인 셈이다.

요르단의 페트라나 시리아 그리고 레바논에 있는 성지에 관한 내용을 좀더 자세히 알고 싶은 분들은 다음 책을 참고하시면 좋다. 《성경의 땅 요르단 시리아 레바논》(쿰란출판사, 2006, 박혁주·이지영). 그 외에 중동여행이나 아랍 사람들의 삶에 관한 내용을 알고 싶은 분들은 다음 책들도 도움이 될 것이다. 《아줌마가 본 아랍 세상》(진흥, 2004, 이지영). 《중동여행의 달인》(쿰란출판사, 2011, 이지영). 《사막의 독수리처럼》(쿰란출판사, 2011, 이지영).

4.
사도 바울은 페트라에 갔을까?

사도 바울은 다메섹 도상에서 부활하신 예수님을 만난 후 다마스커스로부터 나와 아라비아로 갔다고 성경에 기록되어 있다.

"그의 아들을 이방에 전하기 위하여 그를 내 속에 나타내시기를 기뻐하셨을 때에 내가 곧 혈육과 의논하지 아니하고 또 나보다 먼저 사도 된 자들을 만나려고 예루살렘으로 가지 아니하고 아라비아로 갔다가 다시 다메섹으로 돌아갔노라" 갈 1:16-17.

신약성경 갈라디아서에서 사도 바울은 자신이 아라비아 지역으로 갔다고 언급한다. 사도 바울은 왜 예루살렘으로 먼저 가지 않고 아라비아로 내려갔던 것일까?

사도 바울이 아라비아로 갔다고 했는데, 그곳은 아라비아 페트라인가?

먼저 아라비아 지역은 크게 세 지역을 의미한다. 통상적으로 아라비아라고 불렀다.

첫째는 사우디아라비아 지역 자체를 의미한다.

둘째는 이집트의 시내 산이 있는 시나이 반도 지역과 요르단의 남부 페트라 지역을 의미한다.

셋째는 시리아 남부를 차지하고 있는 보스라 지역을 뜻한다. 크게 이 모든 지역들을 아라비아로 언급했다.

사도 바울이 아라비아 페트라로 갔을 것이라 개인적으로 생각하는 이유는 2가지 이유에서다. 먼저는 사역을 시작하기 전 고행을 하러 갔을 것이다. 광야는 사람을 순수하게 하고 신을 더 많이 생각하게 하는 힘이 있다. 또 한 가지는 이방인들에게 전도를 하러 일부러 그곳에 갔을 것이다. 갈라디아서에 함축된 의미이다.

역사상 위대한 사람들을 보면 영적이건, 정치적이건 모두 다 광야의 시간들을 거쳐 간 사람들이었다. 사도 바울도 예외는 아니었다. 그는 자처하여 아라비아 광야로 갔다. 광야는 실제적으로 거칠고 척박한 사막을 의미하기도 하고 고된 시련과 고난의 시간도 광야로 표현할 수 있다. 어쩔 때는 죽음의 위기까지도 겪어야 했던 숨 막히는 그 순간까지도 말이다.

광야의 시간은 사람에 따라 다르지만 길고 힘든 여정의 시간들이다. 역사상 크게 쓰임을 받은 사람일수록 그 고통의 시간이나 시험 내용이 컸다는 것은 공통적인 사실이다. 광야의 시간을 지내면서 사람은 더욱 훈련되어 더 단단히 단련될 수 있다. 비 온 후에 땅이 더 단단히 굳어지는 법이다.

구약성경의 아브라함은 자식을 얻기까지 25년이란 세월을 기다리며 연단을 받았다. 다윗은 사울이 죽이려고 하자 그를 피해 광야로 도망

다녔다. 야곱은 외삼촌이 살고 있는 하란 지역으로 도망가서 20년을 살았고, 요셉은 17세에 애굽으로 팔려가 13년을 어렵게 살았다. 모세는 미디안 광야에서 40년간의 연단을 인내했다.

모세는 젊은 혈기 때문에 동족을 죽인 애굽 사람을 쳐 죽였다. 그 뒤 광야로 도망가 40년이란 세월 동안 양을 치면서 조급함이 없어지고 양 한 마리 생명에 대한 소중함을 갖게 되었다.

이렇게 준비가 되었을 때 하나님은 그를 이스라엘 백성들을 출애굽시켜 가나안 땅으로 인도하는 지도자로 사용하셨다. 광야의 혹독한 시간을 지내면서 헛된 욕심과 잡다한 곁가지들이 다 제거되고 순수함만 남게 되었기 때문일 것이다.

금에는 14K, 18K, 24K 등이 있는데 그 차이는 얼마만큼 불순물이 남아 있느냐 하는 것이다. 순도가 높은 금일수록 가치가 있고 가격이 비싸다. 순금은 색깔도 예쁘고 부드럽다. 그리고 변하지 않아 돈 대신에 투자하여 보관한다. 순금같이 아름답고 순수해지기를 원한다면 불순물을 없애야만 한다.

광야는 분명 사람을 변화시키는 위력이 있다. 나만 해도 사막에 살고 있으니 한없이 뒤처지고 먹통이 되어야 하는데 웬일인지 사막에 살면서 신앙이 더 굳어지고 역사에도 관심을 갖고 공부를 하고 있으니 사막은 내 인생을 더욱 단단히 다지고 깊이를 더해 주고 있다.

가장 뜨거운 한여름에 온 여행객들이 사막 한가운데 텐트를 치고 살고 있는 베두인들을 보면 심란하게 생각한다. 사막에는 전기도 없으니 당연히 컴퓨터라는 것은 있지도 않고 애들이 학교는 제대로 다니는지 걱정스럽게 생각한다. 그러나 베두인은 광야를 좋아한다. 넓은 하늘을 이불 삼고, 드넓고 확 트인 광야를 침대 삼아 사는 것이 자유롭다고 한다.

우리의 눈에 허접하게 보이는 삶 때문에 신을 찾는 그들의 신앙심마저도 대수롭지 않게 생각한다면 큰 오산이다. 삶이 단조롭고 척박하지만 이런 광야에서는 하나님 한 분만 생각하고 살기에 가장 좋다. 퇴폐향락의 문화가 보이지 않고 불순물이 없기 때문이다.

이런 이유 때문에 바로 이 척박하고 뜨거운 중동에서 유일신의 3대 종교, 즉 유대교, 기독교, 이슬람교가 탄생되지 않았을까.

갈라디아서 1장 16-17절 말씀을 기초로 볼 때 사도 바울이 페트라로 갔을 또 다른 이유는 이방에 복음을 전하기 위해서였을 것이다(갈 1:16-17).

페트라 유적지에는 비잔틴 시대 때 사용하였던 교회 터들이 많이 발견되었다. 대신전 맞은편에 있는 페트라 교회, 수도원, 아론의 무덤 맞은편에 있는 비잔틴 시대 때의 교회 터 등이다. 이곳에 교회가 세워질 수 있었던 것은 기독교가 전파되었기 때문이다. 누가 언제 어떻게 기독교를 전파해서 교회가 생기게 되었을까.

기독교 전파는 사도 바울을 통해서, 그리고 135년 예루살렘이 멸망하고 디아스포라한 유대 기독교인들이 페트라에 가서 은신하거나 복음을 전했을 수도 있다. 또 로마를 통해서, 비잔틴 세력을 통해서도 이루어졌을 것이다.

> 다메섹에서 아레다 왕의 고관이 나를 잡으려고 다메섹 성을 지켰으나 나는 광주리를 타고 들창문으로 성벽을 내려가 그 손에서 벗어났노라
> **고후 11:32-33.**

당시 다메섹까지 통치했던 나바테아 왕국 아레다 왕의 방백이 사도 바울을 잡아 죽이려고 벼르고 있었다. 그래서 사도 바울은 광주리를 타고 성을 빠져나가 도망을 갔다.

이때 요르단의 페트라 지역에서부터 다메섹까지는 나바테아 왕국의 아레다 4세 (Aretas IV(BC 9-AD 40)가 통치하고 있었다.

왜 나바테아족의 왕인 아레다 왕(아레타스 4세, Aretas IV)이 사도 바울을 잡으려고 혈안이 되었을까? 그 이유는 당시 나바테아족이 섬기던 신은 두샤라와 알우짜였는데, 그곳에 와서 하나님을 전하고 예수님을 전하여 사람들을 동요시켰기 때문이었을 것이다.

참고로 성경에 언급된 다메섹은 지금 시리아의 수도 다마스커스이다.

2010년 12월 튀니지에서 시작된 재스민 혁명과 중동국가들의 민주화 사태 이후 가장 크게 그리고 장기적으로 피해를 입고 있는 나라가 바로 시리아다. 시리아는 2016년인 9월 현재까지도 내전을 계속하고 있다. 내전으로 인한 피난민들이 이미 500만 명이나 되었고 시리아 주변국인 요르단, 레바논 그리고 터키 남부 지역으로 피난 행렬은 계속되고 있다.

내전으로 희생된 희생자들의 수는 10만 명에 가깝고 요르단으로 넘어온 난민들의 수도 100만 명을 훨씬 넘었다. 난민들의 삶은 아직 정착되지 않고 불안정하고 고통스럽다. 빨리 고국으로 돌아가기를 바라지만

돌아가는 것은 어렵고 난민들은 더 많아지고 있다. 시리아의 내전이 속히 종결되고 안정되어 피난민들이 자국으로 돌아가 안정된 삶을 살 수 있길 기도한다.

시리아는 1만 년 동안에 걸쳐 33개의 문명이 꽃을 피울 정도로 역사가 깊고 문명이 발달한 나라였다. 아람족의 후예들이기도 하다. 사도 바울이 회심한 곳이기도 하다. 1만 년이라는 기나긴 세월 동안 남겨진 유구한 문화 유적들이 내전으로 인해 파괴되지 않고 잘 지켜질 수 있길 빈다. 이곳 현지에서 성서 고고학을 공부하다 보니 유적에 대한 애착과 관심이 많아졌다.

5.
페트라의 역사

페트라에 현재 남아 있는 유적은 나바테아족이 남긴 것들이다. 하지만 태곳적에 이곳은 구석기 시대부터 신석기 시대를 거쳐 에돔족도 살았고, 나바테아족 그리고 로마 비잔틴 시대까지 스쳐 지나갔다. 페트라 주변의 쇼박이나 카락에는 십자군 전쟁 당시의 성채들도 남아 있다.

수백만 년 전 초기 구석기 시대에 사람들은 산과 들 그리고 사막을 다니며 코끼리나 사슴 그리고 다른 짐승들을 사냥하며 살았다. 8만 년 전에서 4만 년 전까지 중석기 시대에는 부분적으로 정착지를 만들었고,

페트라 인근에서 사람이 살던 흔적과 여우나 늑대 같은 짐승을 사냥했던 유적들이 발견되었다.

BC 17,500년까지는 사람들이 일정 지역에 정착하기 시작했다. 겨울철에는 좀 따뜻한 곳이나 굴 속을 골라 정착하였고, 뜨겁고 건조한 여름철에는 시원한 곳에 자리를 잡고 살았다. 12,000년 전에는 현재 페트라 근처의 베이다로 알려진 지역에 나투피안(Natufian) 사람들이 몇 군데 진을 치고 살았다.

BC 8,500년에서 BC 4,000년까지 신석기 시대에 실제로 사람들이 정착했던 흔적이 발견되었다. 그리고 BC 7,000년경에는 더욱 발전되고 정교한 신석기 시대 사람들이 이 지역을 차지했고, 500여 년 동안 농사를 짓고 농경문화를 이루었던 흔적이 발견되었다.

수천 년이 흐르는 동안 동판 시기와 초기 청동기 시대가 섞여 계속되었다. 그리고 떼를 지어 천막을 치고 이동도 하고 정착하면서 농사를 지었던 유목민의 삶의 패턴도 계속 이어졌다. 중기 청동기나 후기 청동기 시대 때는 농사를 짓고 정착했던 터가 남쪽에는 없고 북부 지역에서만 발견된다.

이집트의 저주 문서를 보면 요르단 북부의 통치자에 관해 그리고 요르단 남부 에돔 왕국의 통치자에 관해 언급되어 있다. 천막을 치고 이동하며 살던 유목민들의 삶의 패턴이 요르단 남부 페트라 지역에서 BC 700년까지 계속되었다.

BC 600년경부터는 아라비아 남부 지역에서 올라오기 시작한 유목민이었던 나바테아족이 페트라 지역 주변에 정착하기 시작했다. 이들은 기존에 거주했던 에돔족 토착민들과 섞여 살았다. 이때부터 AD 106년 로마에 의해 멸망할 때까지 나바테아족은 페트라를 중심으로 시리아 다마스커스를 통치하며 엄청난 제국을 이루었다.

AD 106년 로마에 의해 정복당하였고, AD 4세기에는 콘스탄티누스에 의하여 기독교화되었다. 그리하여 AD 6세기 비잔틴 시대 때 교회를 짓고 예배를 드렸던 교회 터들이 페트라 지역에서 여러 군데 발견되었다.

페트라는 에서가 살던 에돔 왕국이자 나바테아족들의 고장이기도 하다. 에서와 그 후손들이 페트라를 중심으로 에돔 왕국을 이루고 살다 앗시리아 제국의 포로로 끌려가거나 이주 정책에 의해 빈 공간이 생기게 되었다. 또한 에돔족 자신들이 지금의 이스라엘 남부 지역으로 이동하여 이두매 왕국을 만들게 되자 빈 틈을 타서 나바테아족이 이동해 와서 정착하였다.

세계사와 기독교 역사에서 나바테아인들이 살던 시기를 신구약 중간사로 표현하고 있다. 나바테아인들의 역사가 확실하지 않은 이유는 그들이 남긴 문헌이나 문서가 없기 때문이다. 그래서 역사학자들이 정확히 연구할 수가 없었고, 그 때문에 세계사에 언급이 없어서 우리에게는 생소할 수밖에 없다.

나바테아인들에 대한 성경 기록

그래도 굳이 이들과 관련된 기록을 찾아보면 성경에는 사도 바울과 관련된 이야기(고후 11:32)가 나온다. 당시 다메섹에서 회심을 하고(행 9:1-19) 복음을 전하는 사도 바울을 유대인들이 잡으려고 다메섹까지 세력을 확장하여 통치하고 있던 나바테아 왕국의 왕 아레타스 4세에게 도움을 청하게 된다.

나바테아인들에 대한 고대 문헌 기록

고대 문헌에는 이라크의 앗시리아 제국 때 아슈르바니팔 왕이(주전 668-633) 아라비아의 나바테아족과 싸웠다는 기록이 남아 있다. 또한 알렉산더 대왕의 헬라 제국 시대에 주전 1세기의 사가인 디오도로스(Diodorus)나 스트라보(Strabo) 같은 학자 등에 의해 기록되었다. 나바테아족들은 사막에서 양을 치던 유목민들이었고, 또한 사막에서 약탈을 일삼고, 향료와 유향 등 귀중품들을 사고 팔던 상인들로 기록되어 있다.

나바테아족의 원조는 지금의 예멘이라고 추정하기도 한다. 예멘에서 시작하여 북쪽인 사우디아라비아, 요르단, 이집트, 시리아까지 이들은 물을 찾아 그리고 교역을 찾아 북상하였다.

나바테아인들은 사막에서 양을 치면서 사막 지역의 지리를 잘 통찰하였기에 사막에 대한 전반적인 지식이 풍부하였다. 어디에 오아시스가 있는지도 잘 파악하고 통신망도 갖춰 사막의 오아시스를 중심으로 무역로를 통제함으로써 숙박비와 통행세도 받아 부를 축적할 수 있었다. 그 대표적인 예가 바로 요르단의 페트라를 이들이 차지한 것이다.

또 다른 학설은 그들의 원조가 메소포타미아라고 보는 것이다. 그들이 메소포타미아에서 출발하여 남부 사우디아라비아 쪽으로 이동했다고 한다.

그런데 유목민이다 보니 넓은 지역을 다스릴 행정체계나 막대한 군사력을 활용하지 못해 제국으로 발전할 수는 없었다. 주전 600년경부터 주후 100년경까지 오랜 세월 동안 예멘에서 시작하여 사우디, 요르단, 이집트, 시리아까지 중동의 드넓은 지역을 지배하였지만 이들의 역사를 시원하게 밝혀 줄 문서가 없는 까닭은 바로 그들이 유목민이었기 때문일 것이다. 이들이 남긴 문헌은 겨우 무덤에 세워진 비문이나 제사를 지낼 때 썼던 제사 문구 정도이다.

장밋빛 붉은 도시, 페트라는 에서와 그의 후손들이 와서 살던 곳이어서 한때 에돔 왕국으로 불리었다. 지금은 바위산들의 장관이 너무 훌륭하고, 남아 있는 유적들이 놀랄 만해 유네스코(UNESCO)에서는 페트라를 세계문화유산(World Heritage)의 하나로 지정했다. "인디아나 존스-마지막 성배"라는 영화의 무대가 되었던 곳이 바로 페트라이다. 2007년 7월 7일에는 세계 신 7대 불가사의 중 하나로 선정되었다.

이렇게 아름다운 바위산 페트라는 로마 시대 이후 물이 고갈되어 사람들이 하나 둘 떠나 버려 역사에 묻혔다. 그러던 페트라가 세상에 알려지게 된 것은 1812년 스위스의 역사가이자 여행가인 부르크하르트(Bruckhardt)가 이 지역을 여행하면서부터이다.

페트라 지역의 성경상 이름은 '셀라'이다. 에돔과 모압 접경 지역에 위치한 페트라는 BC 1400-1200년 기간에는 셀라로 알려져 있었으며, BC 600-AD 100년에는 에돔족과 나바테아족의 수도였다(왕하 14:7; 사 16:1, 42:11; 옵 3).

페트라는 로마가 중동을 통치할 AD 106년에 트라야누스 황제에 의해 정복당했다. 로마와 비잔틴 시대 때 기독교가 전파되어 페트라에 많은 교회들이 지어졌지만 결국은 수자원의 고갈로 더 이상 사람들이 살지 못하고 1812년 스위스의 역사가이자 여행가인 부르크하르트가 페트라를 발견하기까지 역사 속에 잊혀진 도시가 되었었다.

페트라 멸망의 원인

로마의 점령 시점에 맞추어 페트라는 멸망의 길에 들어섰다. 페트라가 역사 속으로 사라진 가장 주된 원인은 바로 로마의 무역로 장악이었다. 로마는 기존의 막강한 무역로인 왕의 대로와 향로길의 이권을 차지하기 위해 육상로 대신 해상로를 개척하였다. 그리고 무역의 중심인 왕의 대로가 관통하는 페트라도 점령해 버렸다.

또 다른 멸망의 원인은 지진으로 인한 수로의 파괴를 들 수 있다. 그로 인해 물 보관이나 저장이 어려웠고, 강우량마저 급격히 감소하였다. 로마의 통치 이후 강우량 감소와 물 고갈로 인해 점차 사람들이 이곳을 떠나기 시작했다. 게다가 AD 363년과 AD 6세기경에 있었던 여러 차례의 지진으로 유적들이 파괴되었고 폐허화되어 식수 공급도 어려워져 자연적으로 폐쇄되고 사람들의 관심에서 멀어져 갔다. 그리고 페트라는 바위산들에 둘러싸인 잃어버린 도시가 되었다.

6.
페트라 발견

역사 속에 묻혔던 페트라는 1812년에 스위스 역사가이면서 여행가인 부르크하르트가 이곳을 방문한 뒤 유럽 사람들에게 알려지기 시작했다. 그 이후 유럽 사람들의 관심을 불러 일으켰고 1929년부터 1958년까지 발굴 작업이 줄기차게 계속되었다. 지금도 이곳 페트라는 고고학자들에 의해 연구와 발굴 작업이 계속되고, 유적도 계속해서 발견되고 있다.

페트라를 가보지 않고서는 요르단을 방문했다고 말할 수 없을 정도로 페트라는 요르단을 상징하는 명소이다. 한마디로 페트라는 요르단의 꽃이다. 요르단의 수도 암만에서 남쪽으로 250킬로미터 떨어져 있고, 차로 3시간이 소요되는 곳이다. 페트라는 여행 안내를 하느라 수천 번을 가봤지만 갈 때마다 새롭고 대단하게 느껴진다. 특히 페트라에서만 볼 수 있는 맑고 파란 하늘은 페트라를 그토록 많이 와보고도 절대로 질리지 않는 묘약이자 매력이라 말할 수 있다.

붉은 장밋빛 도시 페트라, 에돔족과 나바테아족이 자리를 잡고 살았던 페트라, 그 신비의 도시로 길을 떠나 보자!

위대한 발견

나바테아족이 차지하고 있던 페트라를 AD 106년 로마 황제 트라야누스가 점령하였다. 그래서 페트라에는 로마의 야외극장도 있다. 이때까지만 해도 잘나가던 페트라는 물의 고갈로 인해 점차 사람들이 떠나기 시작하였다. 또한 과거에는 육로인 왕의 대로를 따라 무역을 하였기 때문에 사막의 오아시스인 페트라가 숙박업을 할 수 있어 번성하였지만 로마가 새로운 바닷길을 발견함으로써 이곳은 쇠퇴하고 역사 속에 묻혀 버렸다.

로마 시대 이후 페트라를 발견하기까지 거의 1500년 동안이나 사막의 먼지 바람과 강렬한 태양에 의해 역사와 먼지 속에 묻혀 있던 페트라는 1812년 이곳을 여행하던 부르크하르트에 의해 우연히 발견되면서 서서히 그 윤곽을 드러내기 시작하였다.

요한 부르크하트, 그는 누구인가?

요한 부르크하트는 1784년 스위스의 한 도시에서 대령의 아들로 태어났다. 그 당시 아프리카나 요르단 동편을 여행하는 것은 불굴의 정신과 용기가 필요한 일로 여겨졌다. 그 당시 이 지역들은 마치 달나라처럼 멀리 있고 위험한 지역으로 생각되었다. 찾아온 외국인들이나 이방인들을 의심하여 현지 베두인들은 전쟁을 불사하였기 때문이다. 그래서 변장을 하는 훈련은 탐험가에게는 지극히 당연한 일이었다.

이렇게 민감하고 위험한 목표를 위해 브루크하트는 영국 케임브리지 대학에서 아랍어와 의학 그리고 천문학을 공부했다. 게르만족과 같은 강한 훈련을 위해 그는 땅에서 자는 연습과 야채만 먹는 훈련을 하였다. 그는 드디어 1809년 영국을 떠났고 몇 년간 더 아랍어와 아랍의 관습을 공부하였다. 마침내 1812년 그는 셰이크 이브라힘 이븐 압달라(Sheikh Ibrahim ibn Abdallah)로 완벽하게 변장하여 팔레스타인과 이집트로 향했다. 그는 탐심을 자극하지 않도록 하기 위해 일부러 가난한 여행자의 옷을 입고 떠났다.

부르크하트는 요르단의 암만에서 잠깐 머물렀다 남쪽으로 이동했다. 페트라 근처의 쇼박이라는 지역에 왔을 때 그는 마을 사람들로부터 와디 무사안에 죽음의 도시가 있다는 소식을 듣고 호기심이 발동했다. 그곳 원주민들은 이방인에 대해 무척 의심하였고 일부러 그 도시를 감추었기 때문에 그는 변장을 하고 들어가는 위험을 감행하지 않았다.

그런데 페트라 근처에 무슬림들이 존경하여 받들어 모시는 모세의 형인 아론의 무덤이 있다는 이야기를 들었다. 이 정보는 그로 하여금 이 지역을 탐사할 수 있는 기회를 만들어 주었다.

만약에 그가 정상적인 행로를 이탈한다면 그는 스파이로 간주되어 엄청난 위험에 처하게 될 것이다. 그래서 그가 생각한 것이 바로 무슬림처럼 가장하여 선지자의 무덤에서 제사를 지내는 것이었다. 제사를 지내려는 경건한 무슬림에게 시비를 걸 사람은 아무도 없었기 때문이었다.

이런 그의 계획은 대단히 성공적이었다. 그는 당장 페트라에 달려가 보통 여행객들이 하는 것처럼 시크의 깊은 골짜기를 따라 들어갔다. 물론 원주민의 감시가 따랐다. 안내인은 그가 탐험을 하지 못하도록 했으며, 보물 신전 안의 유적들 속에 파묻혀 있을 막대한 저장물들을 찾을 틈도 주지 않았다.

너무나 뜨겁고 피곤한 하루였지만 마침내 호르 산 꼭대기에 도착했다. 오르는 길은 너무나 험난하고 힘들었지만 대부분의 무슬림들은 꼭대기에 오르면 바로 제사를 지냈고 부르크하트도 똑같이 의식을 치렀다.

페트라를 발견하였다는 흥분이 있었지만 부르크하트는 그곳에 하루밖에 머물지 않았다. 이곳은 그의 여행 계획이나 목적에 들어 있지 않았던, 우연히 하루가 연기된 곳이었다. 그래서 그는 그의 여행을 계속하느라 지체 없이 길을 떠났다. 부르크하트는 끝내 사하라 대탐험을 하지 못한 채 1817년에 죽었다. 그는 죽어서 순례자와 학자의 신분으로서 이름도 셰이크 이브라힘 이븐 압달라(Sheikh Ibrahim ibn Abdallah)로서 카이로에서 무슬림 식 장례식으로 매장되었다.

요한 부르크하트가 페트라를 발견하기까지의 이야기를 알게 되었을 때 그의 모험심과 철저한 준비성에 대해 큰 감동과 도전을 받았다. 나는 그저 그가 여행하다가 우연히 페트라를 발견할 줄로만 알고 있었다. 하지만 그는 중동 여행을 떠나기 전 수년간 아랍어를 공부했을 뿐만 아니라 아랍의 관습과 나아가 천문학까지 공부했던 치밀한 사람이었던 것이다.

이 세상에 공짜나 우연은 없는 것 같다. 혹시 중동에 가면 사막 땅바닥에서 잘 것까지 예상하여 땅에서 자는 혹독한 훈련도 스스로 했고, 자기가 먹는 음식과 다르거나 고기가 없을 경우를 예상하여 채소만 먹는 훈련까지도 했던 그는 그 이름이 페트라를 발견한 탐험가요 발견자로 별과 같이 반짝반짝 빛날 만한 가치가 충분하다고 생각한다.

나도 이곳 요르단에서 명색이 중동 전문가로 불리려면 부르크하트와 같은 연구와 공부를 하고, 모험과 도전을 과감히 해야 함을 깨닫는다. 그리고 평상시 그의 유언이 있었는지 아니면 그저 그가 중동에서 여행하다 당한 갑작스런 죽음이어서 그런지는 잘 모르겠지만 이집트 카이로에 묻힌 것 또한 대단한 것이라 생각한다.

서양 사람들은 자기가 꿈을 갖고 와서 산 땅에 육신의 몸을 묻는가 보다. 그래서 그의 영혼은 이곳에서 영원히 남아 있는가. 죽은 지 200년이 넘었지만 그의 중동을 향한 탐험 정신은 아직도 남아 우리에게 기억되고 있다. 그의 탐험 정신이 없었다면 지금쯤 우리가 과연 페트라를 볼 수 있었을까 의문이다.

7.
페트라의 볼거리들

먼저 페트라에 입장하기 위해서는 입구에서 입장권을 사야 한다. 매표소에는 페트라 입장료가 각각 다르게 표기되어 있다. 하루, 이틀, 사흘, 며칠을 보느냐에 따라 입장료가 다르다. 하루 만에 페트라 안을 다 볼 수 없다는 의미이다. 말이나 마차를 타고 싶으면 역시 입구에서 요금을 지불해야 한다.

입구에서 조금만 내려가면 바위산들이 시작된다. 처음부터 관광객들의 감탄이 새어 나오기 시작한다. 그런데 이것은 아무것도 아니라고 하면 더 큰 기대감으로 가득 차는 표정들이 역력하다.

페트라에 입장하면 볼 수 있는 것들

■■ 말 타기, 낙타 타기, 마차 타기

입장권을 제시하고 입구를 들어서면 바로 왼쪽에 말들이 보인다. 자신을 타고 페트라 주변을 둘러볼 주인을 기다리고 있다. 말을 타는 거리는 불과 250미터 정도, 말을 타고 천천히 걷다 보면 10분 정도가 소요된다. 입구에서 시크가 시작되는 곳까지 말을 타게 되어 있다. 말에서 내리면 마치 바위가 갈라져 길이 난 것 같은 '시크'길이 관광객을 기다린다.

입구에서 동쪽으로 산등성이 위에 페트라에 있는 이 말들을 돌보거나 관광객 그리고 주민들의 건강을 위해 1985년에 병원(Brooke Hospital for animanls and Princess Alia Clinic)이 세워졌다.

입구에서는 마차도 탈 수 있다. 마차는 말 뒤에 수레가 달려 있어 두 사람이 타고, 옆에 마부까지 세 사람만이 탈 수 있다. 마차를 타면 알 카즈나 신전까지 들어갈 수 있다. 하지만 걸으면서 페트라의 장관을 즐길 여유는 갖지 못한다. 그리고 사진도 제대로 찍을 수가 없다. 그래서 웬만

∴ 더진 블록_ 시크로 가는 대문, 네모난 큰 돌 2개

하면 걸어서 들어가는 것이 좋다. 하지만 영 거동이 불편한 사람은 타고 들어가는 것이 좋다. 다리가 아파서 못 보는 것보다는 마차라도 타고 보는 편이 훨씬 낫기 때문이다.

알카즈나 신전 앞에는 낙타가 있어 낙타를 타 볼 수 있다. 낙타를 배경으로 사진도 찍을 수 있다. 그런데 메르스에 대한 오해를 살 수 있으니 요즘은 낙타 타는 것을 자제하는 것도 필요할 것 같다.

■■ 더진 블록

네모난 두 개의 큰 돌은 잠시만 내려가면 페트라 안에서 아주 놀랄 만한 시크 길로 인도하는 입구이다. 아랍어로 시크로 가는 문(Bab as Siq) 혹은 골짜기로 내려가는 입구라 불린다. 정사각형의 큰 돌이 마치 탑처럼 우뚝 서 있다. 시크 길은 바위 사이로 길이 난 드라마틱한 길이다. 바로 이곳은 과거 나바테아족이 살 당시에 교차로와 같은 곳이었다. 왕의 대로가 교차하는 이곳은 무역을 하느라 길을 떠난 대상들에게 아주 중요한 길목이었다.

이 네모난 큰 돌이 세워진 것은 종교적인 수도 혹은 땅이라는 표시이다. 현재 사우디아라비아의 메카에 세워진 네모난 정사각형 카아바 신전 또한 이런 의미에서 유래되었을 것이다.

나바테아족이 살던 당시, 먼 길을 떠난 대상들은 반드시 이곳 페트라 지역인 와디 무사에서 가던 길을 멈추고 쉬었다 가야만 했다. 페트라는 사막 한가운데 있는 오아시스였다. 이곳에는 지금도 모세의 샘이 철철 흐르고 있는데, 그 당시에 모세의 샘은 물론이고 여기저기 많은 지하수들이 솟아 나와 대상들이나 짐승들은 이곳에서 목을 축이기도 하고 지친 심신을 쉬기 위해 여장을 풀고 며칠씩 묵어 가곤 했다.

지금의 이라크인 메소포타미아와 페르시아 지역에서 온 사람들도 있었고, 더 멀리는 인도나 중국에서 온 상인들도 있었다. 어떤 이들은 왕의 대로를 이용하는데 남쪽 끝인 예멘이나 사우디에서 북쪽으로 가거나 아니면 북쪽의 다마스커스나 지금의 터키인 소아시아 지역에서 남쪽으로 내려가는 사람들이었다.

훗날 페트라 지역은 점점 세계적인 무역 중심지가 되었다. 그러면서 상업 지역도 다양하게 전환되었다. 남쪽 지역에서 오는 대상들은 아카바를 지나 사브라 계곡(Wadi Sabra)에서 멈추었고, 북서 지역에서 오는 사람들 즉 이스라엘의 가자 지역, 네게브 지역의 나바테아족들, 예루살렘, 페티키아(지금의 레바논)에서 오는 사람들은 페트라의 북쪽 변두리에 있으면서 주요 상업 지역이었던 베이다 지역에 묵었다.

∴ 오벨리스크 무덤

I. 장밋빛 도시 페트라

■■ 오벨리스크 무덤

　입구에서 걸어서 5분 정도만 내려가면 왼쪽에 오벨리스크 무덤을 볼 수 있다. 바로 시크로 가는 대문 바로 앞에 있다. 윗부분과 아래 부분으로 조각되어 있는데, 위에는 4개의 오벨리스크가 조각되어 있다. 오벨리스크 조각은 이집트의 영향을 보여준다. 아래는 앗시크 트리크리나움이라 불리는데, 내부에는 3개의 방이 있다. 이것은 나바테아족 스타일이다. 죽은 사람들을 기리기 위해서 매년 제사를 지냈던 곳이다. 오벨리스크의 이집트 문명과 로마 문명을 혼합하여 나바테아족이 자체 문화로 발전시킨 예로 볼 수 있다.

■■ 바위 사이로 난 길 : 시크(Siq)

　페트라 입구에서 250미터 정도 내려오면 시크라는 길을 걷게 된다. 암벽 사이로 난 길을 시크라고 부른다. 아람어로 좁은 길이라는 뜻이다. 사막 한가운데 바위산들이 널려 있는데, 그 바위 암벽 사이로 길이 있으리라고는 상상하기가 쉽지 않다. 더군다나 시크 안에는 나바테아족이 바위를 파서 조각한 아름다운 신전터며 무덤들이 있어서 놀라움을 더한다. 그 극치가 바로 알 카즈나 신전이다.

　시크를 걷다 보면 중동의 뜨거운 한여름에도 시원하기만 하다. 바위 틈으로 불어오는 바람은 한여름의 열기로 맺힌 땀방울을 식혀 주기에 충분하다.

　바위틈으로 걷다 보면 이곳은 적들이 함부로 접근할 수 없는 천연요

새라는 것을 쉽게 느낄 수 있다. 들어가는 입구에서부터 입구를 알리려는 듯 아치(Arch)가 있었지만, 지진으로 붕괴되어 지금은 과거에 아치가 있었음을 보여주는 흔적만 끝에 남아 있다.

바로 이런 천연요새를 힘입어서 그런지 이곳에 살았던 에돔족의 자신감과 교만은 대단했다. 이런 에돔족에 대한 표현과 심판은 예레미야서를 보면 "바위틈에 살며 산꼭대기를 점령한 자여 스스로 두려운 자인 줄로 여김과 네 마음의 교만이 너를 속였도다 네가 독수리같이 보금자리를 높은 데에 지었을지라도 내가 그리로부터 너를 끌어내리리라"(렘 49:16)고 하였다.

∴ 시크

∴ 시크 입구의 부조

■■■ 댐(알 무뜨림 수로, Al Muthlim water tunnel)

알 무뜨림 수로는 길이가 88미터이다. 시크가 시작되기 바로 전에 과거 물을 보관해 두던 댐이 남아 있다. 물론 지금은 물이 한 방울도 없다.

∴ 댐

과거에는 비가 오거나 페트라 윗부분의 우물들에서 솟아 나오는 지하수에서 흘러나오는 물들을 보관한 댐이었다.

이곳은 시크 안의 수로를 통해 페트라의 알쿱따 산 내부까지 물을 흘려 보내던 곳이었다. 물이 있었다면 주변에도 농산물이며 나무들이 우거졌을 것이다.

■■ **수로**

시크를 내려가면 바로 수로를 볼 수 있다. 바위 모양들은 자연 그대로이지만 수로만큼은 인공적으로 판 작품이다. 시크를 따라 내려가다 보면 수로를 왼쪽과 오른쪽 양옆으로 파놓았다.

∴ 수로

■■ 낙타 상인 부조

시크를 따라 바위 사이로 난 길을 조금 내려가다 보면 왼편에 바위를 파서 만든 부조를 볼 수 있다. 베두인 상인이 낙타를 끌고가는 부조이다. 지진으로 일부 파괴되기도 했고 오랜 세월 풍화작용에 의해 닳아 없어지기도 했다. 상층 부분의 낙타와 베두인 상체는 닳아 없어졌고 하층 부분의 베두인 다리와 낙타 발은 발굴되기 전까지 오랜 세월 동안 모래에 덮여 있었기 때문에 그대로 보존될 수 있었다.

∴ 낙타 무역상 조각

■■ 두 개의 신 블록

큰 돌덩어리 하나에 두 개의 신상이 조각되어 있다. 큰 신전 위에는 도리아식 문양이 새겨져 있다. 작은 신상은 단순하다. AD 1세기 중반 말리쿠스(Malichus II) 2세 통치 때 조각된 것으로 추정된다.

∴ 두 개의 신 블록

■■ 알 카즈나 신전(보물 신전)

보물을 찾아 옛날부터 많은 사람들이 이곳을 다녀갔다. 요르단의 꽃은 페트라이고 페트라의 꽃은 알 카즈나 신전이다. 페트라가 세계 신 7대 불가사의로 등록된 것은 바로 알 카즈나 신전 때문이다.

맨 위에 항아리 조각이 있고 양옆으로는 독수리의 형상이 새겨져 있다. 물론 항아리의 일부도 부서졌고 독수리의 형상도 부서져 밑에 날개 일부만 남아 있다. 중동지역에서 독수리는 승리를 상징하기 때문에 가장 중요한 신전 윗부분 정중앙에 조각을 했다. 신전 한가운데 조각한 항아리는 이 신전 안에 아주 귀한 보물이 있다는 상징과 암시이다. 많은 탐험가들이 이 안에 보물이 있을 것이라 생각하고 항아리를 깨보기까지 했지만 보물은 없었다.

지금 보이는 신전은 1, 2층 건물이지만 수년 전 발굴 작업을 통해 밑에 한 층이 또 있다는 것을 발견하였다. 페트라의 밑바닥은 현재 우리가 서 있는 곳이 아니라 모래를 파내 더 밑으로 내려가야 한다는 의미이다.

계단을 올라 기둥을 지나 내부를 보면 내부는 그냥 뻥 뚫린 사각형 방이다. 벽과 천장은 바위에 있는 천연 무늬로 아름답지만 베두인들 작품답게 단순하다. 이 안에서 영화 "인디아나 존스" 영화의 3편인 '마지막 성배'가 촬영되었다.

2층 맨 위에는 여러 여신들이 조각되어 있다. 왼편은 사랑의 여신 타이키이다. 한가운데에는 죽음과 부활의 신인 이집트의 이시스 신, 나바

∴ 알 카즈나 신전

테아족의 알우짜 신이 새겨져 있다. 그 안에는 전쟁의 신 아마존이 망치를 들고 서 있다. 오른쪽에는 풍요의 여신 아스다롯이다.

1층 밑에는 말을 탄 마부가 조각되어 있다. 세월이 흐르면서 지진도 나고 바위가 깎여 조각 모양이 불분명하게 되었지만 처음에는 무척 정교하고 아름다웠을 것이다.

계단을 올라 신전 안으로 들어가면 큰 방이 나오고, 그 옆으로 다른 작은 방이 있다. 사람들이 신전 광장에서 저 안에 들어가면 뭐가 있을까 호기심이 가득하지만 실제로 신전 안은 텅 빈 공간밖에 없다. 그러나 텅 빈 넓은 사각형 방 안의 벽과 천장은 바위의 천연 색깔과 모양이 놀랍도록 아름답다. 알 카즈나 신전은 바로를 묻은 무덤 아니면 제사를 지냈던 신전이었을 것으로 추정하고 있다. 일부 학자들은 아라테스 3세의 무덤이라고도 추정하고 있다.

"인디아나 존스" 3편 최후의 성배를 찾는 영화의 절정 장면은 바로 이 방을 통해 들어가 촬영되었다.

2014년 9월에는 "미생" 드라마를 이곳에서도 촬영했다.

∴ "미생" 드라마 촬영-Petra at Night(밤의 페트라)

■■ 로마 야외극장

알 카즈나 신전에서 오른쪽으로 5분 정도만 내려가면 로마 야외극장이 있다. 신전처럼 로마 야외극장의 관중석도 자연석 통돌을 깎아 만들었다.

∴ 로마 야외극장

처음 이곳은 나바테아 왕국이 AD 25년경에 만들었다. 로마에 합병된 AD 106년에 로마인들이 확장하고 보수하였다. 음식을 제공하기도 하고 새로 정복한 주민들과 함께 오락과 연회를 즐기고자 만들었다.

그러나 미국의 고고학자인 필립 하몬드(Philip Hammond) 박사가 1962-1963년 발굴 작업을 한 결과, 로마 야외극장은 아레타스 4세 통치 기간인 BC 4년과 AD 27년 사이에 만들어진 것으로 결론을 내렸다. 극장은 너비가 40미터에 이르며 3-4천 명을 수용할 수 있는 규모이다. 바위를 그대로 깎아 계단식으로 관중석을 만들었는데 40줄로 이루어져 있다.

나바테아족과 로마의 여러 활동은 AD 113-114년 사이에 생긴 지진에 의해 중단되었다. AD 363년에 일어난 또 다른 지진에 의해 야외극장의 무대가 크게 훼손되었다. 그래도 관중석은 그대로 유지되었고, 페트라의 생명은 오늘날까지도 지속되고 있다.

야외극장의 의자는 큰 통돌인 바위산 자체를 깎아 만든 것인데, 바위가 단단한 석회암이 아니고 사암이니 깎기가 쉬웠을 것이다. 무대에서 배우가 연설을 하거나 노래를 할 때 소리의 음량을 흡수하여 앞에 앉은 사람이나 뒤에 앉은 사람이나 똑같은 음량으로 들을 수 있었다. 놀라운 과학 기술이 아닐 수 없다.

관중석의 수용 인원도 의견이 달랐다. 페트라를 1812년에 처음 발견한 부르크하트는 3,000명 정도로 추정했다. 그러나 25년이 흐른 뒤 콩트 율레스 드 베르토스(Comte Jules de Bertous)는 1,200명 정도 수용했을 거라 추측한다. 최근에 와서는 5,000명 정도 수용했을 것으로 추측하고 있다. 야외극장의 규모는 그 지역 인구의 10분의 1로 만든다고 하니 그 당시 페트라 주변에 사는 인구는 대략 3만 명 내지 5만 명 정도 되었을 것이다.

■■ 희생제물의 언덕(High Place of Sacrifice)

과거 나바테아족이 하늘에 제사를 지냈던 높은 언덕이다. 로마 야외극장 뒤편 바위 언덕으로 올라가면 된다. 올라갔다 내려오는 데 족히 2시간은 소요된다. 오벨리스크가 남아 있다. 이곳에 올라 산꼭대기에 서면 발 아래 페트라의 드넓은 경관을 시원스럽게 한눈에 바라볼 수 있어 좋다.

∴ 희생제물 언덕

왕족 무덤들(Royal Tombs)

로마 야외극장 맞은편에는 왕족들의 무덤들이 늘어서 있다. 이곳이 과연 어떤 용도로 쓰여졌는지는 의견이 분분하다. 왕족들의 무덤이었을 것이다, 재판을 하는 재판소였을 것이다, 제사를 지내는 곳이었을 것이다 등등. 실제로 비잔틴 시대에는 이곳을 교회로 사용하였다.

∴ 궁전무덤(Palace Tomb)

∴ 코린트 무덤 (Corinthian Tomb)

■■ 궁전 무덤(Palace Tomb)

로마의 궁전과 비슷하여 붙여진 이름이다. 왕족 무덤들 중에 가장 크기가 크다.

∴ 항아리 무덤(Urn Tomb)

∴ 실크 무덤(Silk Tomb)

I. 장밋빛 도시 페트라

■■ **비잔틴 교회**

6세기 중반 건설되었는데 몇 차례 지진으로 대부분 파괴되었다. 그러나 바닥의 모자이크는 원래 그대로의 모습이 선명하게 남아 있다. 이곳에서 헬라어로 쓰여진 140여 개의 파피루스 두루마리가 발견되어 당시 시대상을 짐작할 수 있게 되었다.

∴ 비잔틴 교회 내부

∴ 교회 바닥 모자이크

∴ 비잔틴 교회 외관

■■ 열주로(Colonnaded Street & Arched Gate)

기둥들이 길게 늘어서 있는 중앙대로를 가리킨다. 원래 나바테아족이 기원전 3세기에 기초를 닦아놓은 길 위에 로마인들이 완성하였다. 로마 시대 트라야누스 황제나 안토니우스 때 만들어진 것으로 추정하고 있다.

∴ 열주로

■■ 님프 신전

　님프 신은 그리스 로마 신화에 나오는 물의 신이다. 열주로가 시작되는 지점에 우물터가 남아 있는데 이곳이 님프 신전이었다. 이곳에서 페트라 전체에 물을 공급했던 것으로 보인다. 계곡을 잇는 다리가 보이는데 그 밑으로 물이 흘렀을 것이다. 물론 지금은 물이 한 방울도 남아 있지 않다. 님프 신전이었던 자리에 지금은 베두인들이 자기들이 만든 목걸이 등 액세서리를 파는 가게를 차렸다.

∴ 님프 신전 옆

∴ 님프 신전터 (지금은 선물가게)

■■ **두 사자 신전**

신전 양쪽 벽면에 사자 형상이 새겨져 있어서 두 사자 신전으로 이름이 붙여졌다. 알우짜 신전이라고도 불린다. 아레다 4세 때 26-27년 사이에 만들어졌고, 363년에 발생한 지진 때문에 파괴되었다.

■■ **대신전과 작은 로마 극장(Theatron)**

열주로 거리 끝 부분에 페트라에서 가장 훌륭한 건축물 중 하나인 대신전이 자리 잡고 있다. 이 신전은 1933년부터 미국의 마더 샤프 조우코우스키(Marth sharp Joukowsky) 박사에 의해 고고학 발굴이 이루어져

∴ 대신전

왔다. 이 건물은 유일하게 구조와 건축 역사를 갖고 있음에도 불구하고 무엇을 위해 쓰여졌는지 증거가 확실치 않다.

20세기 초 처음 페트라 연구를 보면, 흩어진 기둥들을 볼 때 안치소를 가진 열주로 거리 주변 신전이었을 것이라고 가정했다.

그러나 고고학 발굴 작업을 통해 기둥들은 길, 즉 건물 밖이 아니고 건물 안에 있었다는 것이 밝혀졌다. 이것은 제사를 지내던 신전이 아니고 왕궁 혹은 공공 건물이었을 가능성이 큼을 말해 준다.

대신전 안에는 소형 로마극장이 있다.

∴ 대신전 안의 소형 로마극장

■■ **카스를 빈트**(공주의 성)

자발 알 하비쓰(감옥 산) 밑자락이면서 대신전 근처에 공주의 성이 있다. 옴 알 비야라로 가는 길목에 있다. 이곳의 원래 이름은 바로의 공주의 성(the palace of Pharaoh's daughter)이다. 이것은 전설에 의해 전해진 이

공주의 성

름이다.

　공주는 누구든지 자기 성 안으로 물을 끌어들이는 처음 사람과 결혼하겠다고 발표했다. 그런데 두 남자가 같은 날 같은 시간에 물을 끌어들이는 데 성공했다. 그래서 공주는 두 남자에게 어떻게 그것이 가능했는지 질문했다. 첫 번째 남자는 자신의 능력과 자신의 일꾼들의 힘으로 가능했다고 대답했다. 다른 남자는 신의 힘에 의해 그리고 자신의 힘에 의해 그리고 일꾼들과 낙타의 힘에 의해 가능했다고 대답했다. 공주는 좀더 겸손하고 신앙적인 구혼자를 선택했다.

　그녀가 그렇게 했을 때 메뚜기의 날개가 거절한 구혼자의 수로에 떨어져 흐르는 물을 막고 움직이지 못하게 함으로써 공주가 현명한 선택을 했음을 더 분명히 해주었다는 전설이 전해 내려오고 있다.

　이름은 공주의 성이지만 이곳은 성이 아니라 페트라에서 가장 중요한 신전이었다. 이집트의 바로가 이곳에 시집 온 딸을 위해 지어 준 것이라는 전설이 전해진다. 아레다 4세에게 헌납한다는 내용이 기록된 비문이 발견되었다. 이 비문을 통해 공주의 성은 나바테아족이 만든 작품임이 확실해졌다. 공주의 성에서 나바테아족의 남자 주신 두샤라와 여신 알우짜 신을 숭배했다.

I. 장밋빛 도시 페트라　59

■■ 바로의 기둥

바로의 기둥

기둥 하나가 우뚝 서 있다. 공주의 성 뒤쪽 언덕에 세워져 있고, 다른 기둥은 주변에 무너져 누워 있다. 주변 건물은 아직 발굴 작업이 되지 않았다. 신전으로 추정하고 있다.

■■ 호르 산(아론의 무덤)

아론이 죽어 묻힌 무덤이 있는 곳은 현재 지명 하룬 산, 아랍어로 자발 하룬이다(Jabal Harun). 성경은 이곳이 호르 산(Mt. Hor)이며, 아론이 죽어 묻혔다고 기록하고 있다(민 20:22-29, 33:35-40, 34:7-8). 성경의 역사뿐만 아니라 인간 역사상 사람이 죽었을 때는 통상적으로 땅에 묻고 장례를 치르지만 어찌된 영문인지 아론만큼은 가장 높은 산꼭대기에서 죽어 묻혔다. 왜 하나님은 아론을 가장 높은 산꼭대기에 묻으라고 하셨을까?

2009년 6월 27일, 여름 방학을 맞아 아들 녀석도 집에 있고 또 세계적인 경제위기 때문에 한국인 여행객들의 발길이 뜸하니 잠깐의 한가한 틈을 타서 페트라로 가족 여행을 떠났다. 여행 안내를 하느라 수도 없이 와봤지만 이번에는 꼭 아론의 무덤까지 등산할 각오로 페트라에 들렀다. 한국인 여행객들은 페트라의 꽃인 보물 신전과 로마 야외극장까지만 주로 들른다. 페트라 전체를 통해 보면 지극히 일부에 불과하다.

뜨거운 여름이라 날씨가 당연히 뜨거울 것을 예상하여 7시쯤 일찍 출발하였다. 사실은 더 일찍 가고자 하였지만 아침도 먹고 챙기고 하다 보니 생각처럼 빨리 되지가 않았다. 나 혼자 간다면 아마 날이 새기 전 새벽부터 설쳤을 것이지만 가족끼리 왔으니 팀워크를 존중하여 보조를 맞추는 수밖에 없었다. 아침 7시인데도 중동의 태양은 따갑기만 하여 벌써부터 무척 더웠다. 호르 산 정상에 있는 아론의 무덤으로 가는 대장정이 시작되었다.

아론의 무덤이 있는 가장 높은 산꼭대기는 해발 1,350m 가량 된다. 그래서 이곳에 오르면 페트라 전체 파노라마를 볼 수 있는 전망이 굉장

∴ 아론의 무덤 외관

∴ 멀리서 바라본 아론의 무덤

I. 장밋빛 도시 페트라　61

히 좋다. 가장 높은 산꼭대기이다 보니 이곳을 걸어서 등산하기에는 너무 무리이고, 말을 타고 산중턱까지 올라가다 그 위부터는 걸어서 올라가는 것이 좋다. 바위산들로 이루어진 좁은 계곡 길을 말 타고 오른다는 것도 안전하지 않지만 어쩔 수가 없다.

호르 산에 올라가면서 보니 어느 곳은 길이 확연히 나 있지만 어떤 곳은 길 같지 않은데 당나귀와 마부가 가는 것을 보면서 가이드와 함께 가지 않으면 산 정상까지 올라가는 것이 힘들겠다는 생각이 들었다. 길 같지 않은 곳을 마부보다 앞서서 가는 당나귀들을 보면서 길눈이 밝은 것에 놀랄 뿐이었다. 어쩜 이렇게 길을 잘 알고 갈 수 있을까!

그런데 가면서 당나귀들은 수시로 들판에 나 있는 풀들을 뜯어 먹느라 해찰을 할 때가 많았다. 그리고 가면서 군데군데 있는 똥에다 대고 늘 냄새를 맡는다. 왜 똥 냄새를 맡느냐고 물어보니까 아마도 똥을 통해 길을 찾아갈 수도 있고 똥 냄새를 맡으면서 낙타나 말 혹은 당나귀가 왔다 갔는지를 알기 때문이라고 했다.

당나귀는 가끔 가다 똥 냄새도 맡고 가다 말고 풀을 뜯어 먹느라 마부에게 발로 채이고 막대기로 맞기도 많이 맞았다. 그럴 때마다 마부는 "헤르완, 헤르완"을 소리쳤다. 우리 말로는 '이랴이랴 어서 가자'라는 아랍어이다. 날은 무척 뜨거운데 키가 작은 당나귀를 타고 간다는 것이 많이 미안했다. 내가 무거워서 힘들지 않을까 미안했다.

가는 길목에서 바위가 패인 곳에서 생활을 하고 있는 몇몇 베두인들을 보았다. 이들은 나바테아족들이 파놓은 바위굴 속에서 나바테아족들이 살았던 것과 똑같이 지금도 살고 있다. 이런 사막 한가운데서 아직도 양을 치며 살고 있다니 마치 시간이 멈춘 것 같았다. 내가 2000년 전으로 돌아간 느낌이었다.

바위산에서 살면 이런 곳에 수돗물이 나올 일이 없기 때문에 이들은 당나귀에 물통을 싣고 산등성이 밑 물 있는 곳으로 가서 물을 길어 날랐다. 이 적은 양의 물로 차도 끓이고 밥도 해먹는다. 물이 있는 곳은 정부에서 모터로 물을 보낸다고 한다. 그런데 하루에 두세 차례 물을 보내는 시간이 있어 그 시간에 맞춰 물을 길러 다닌다.

물이 나온다 한들 작은 물통에 물을 담아 당나귀에 실어 날라야 하니 그것도 쉬운 일이 아니다. 베두인들은 태어나서 죽을 때까지 딱 세 번 씻는다는 우스갯소리가 있는데 정말 그럴 것 같다는 생각이 든다. 태어나서 한 번, 결혼할 때 한 번, 죽을 때 한 번 해서 세 번 목욕을 한다고 한다.

길을 가다 보면 두어 군데 움막을 지어 놓은 곳이 보이고, 영어로 커피숍이라고 쓰여 있다. 물론 지금은 아무것도 없이 비어 있지만 아마도 관광객이 많을 때는 아론의 무덤을 향해 산꼭대기를 등산하는 지치고 목마른 나그네들에게 잠시 잠깐의 쉼을 주고 시원한 음료수도 제공해 주었을 것이다. 물론 값은 시내보다 몇 배가 더 비싸지만 그것은 지극히 당연하다.

산 밑에서 출발할 때는 이른 시간인데도 태양이 무척 뜨거워 아침부터 지칠 지경이었는데 당나귀를 타고 산으로 올라가면 올라갈수록 시원한 바람이 피부에 닿으면서 너무 상쾌하고 좋았다. 가면 갈수록 산으로 올라가고 있는 이치이다.

호르 산에 오르다 보면 '뱀 신전'이라 불리는 바위가 있다. 뱀이 친친 감고 있는 것 같은 모양이어서 뱀 신전이라고 불린다. 뱀 신전을 지나 한참 올라가다 보면 산꼭대기에 사람 얼굴 모양의 바위가 있다. 사람의 얼굴 옆모습이다.

∴ 얼굴 옆모습 바위

아론 무덤까지 올라가다 보면 때로는 길 같은 길이 나오지만 대부분은 길 아닌 곳으로 올라가기 때문에 현지 안내인과 동행하지 않는다면 헤맬 수도 있겠다는 생각이 든다. 길 안내인은 대부분 당나귀나 말을 소유하고 그 당나귀나 말로 여행객들을 태워 오고 가면서 영업을 하는 베두인들이다. 이들의 당나귀는 바로 개인 택시나 마찬가지이다. 우리는 당나귀를 소유한 베두인을 만났다.

처음에 산이 높아 당나귀를 타는 게 좋을 것 같아 값을 흥정했을

당나귀 끌고가는 베두인

때 100달러를 요구하기에 왜 이렇게 비싼가 의아해했었다. 하지만 산을 오르고 난 후에는 그 이유를 충분히 알 수 있었다. 오르고 내리는 데 왕복 6시간 정도가 소요된다. 올라가는 데 3시간 반, 내려오는 데 2시간 반 정도가 소요된다.

우리는 당나귀를 타지만 안내인은 걸으면서 길을 안내하기 때문에 충분히 그만한 가치가 있다고 생각했다. 그것도 중동의 강렬한 태양 아래서 땀을 뻘뻘 흘리고 오니 당나귀 등에 편안히 타고 가는 것이 미안하기까지 했다.

가는 길에 바위 굴 속에 살고 있는 베두인 집에 들렀다. 이 집 앞마당이나 마찬가지인 넓적 바위에 있으면 뱀 신전이 정면에 보인다. 아직 갈 길은 까마득한데 출발한 지도 얼마 안 되는데 이 집에 들러 쉬었다 가는 이유는 이 집을 지나면 아론의 무덤 산꼭대기에 오를 때까지 더 이상 쉴 곳이 없기 때문이었다.

I. 장밋빛 도시 페트라

베두인 아줌마가 차를 끓여 내왔다. 주전자는 모닥불에 새까맣게 그을린 것이었다. 컵은 깨끗한지 의심스럽지만 차를 따라 주는데 안 마실 수도 없어 감사하게 마시고 팁을 주고 또다시 산꼭대기를 향해 길을 떠났다.

산정에 오르면 산꼭대기에 두 개의 바위산이 서로 마주보고 있다. 한쪽은 경사가 완만하지만 다른 한쪽은 경사가 급한 절벽 산인데 경사가 급한 산에 아론의 무덤이 있다. 아론의 무덤 앞에 있는 경사가 완만한 산에는 비잔틴 시대 때 교회로 사용하였던 교회 터가 발굴 작업을 통해 모습이 드러나 있다.

관리인의 숙소가 있고 그 옆 바위틈에서 물이 솟아나오고 있다. 관리인이 문제 없이 아론의 무덤을 지킬 수 있도록 한 하늘의 깊은 뜻이 아닐까?

∴ 아론의 무덤 비문

∴ 아론의 무덤

아론의 무덤 밑에서 무덤이 있는 바위까지는 얼마 안 되는 것 같지만 여기까지 오르는데도 바위를 타고 올라가느라 힘이 든다. 바위가 험하다 보니 바위 사이로 계단을 만들어 놓았다. 그리고 올라가다 보면 바위를 파서 물 저장 탱크도 만들어 놓았다.

산꼭대기에 있는 아론의 무덤에는 과거 비잔틴 시대의 돔형 건물과 오벨리스크가 있었다. 하지만 세월이 흘러 중동이 이슬람화되면서 이 건물 또한 이슬람 모스크 형태로 후대에 다시 지어졌다.

유대교는 모세의 종교라고 불릴 만큼 모세는 유대교에 있어서 아주 중요한 인물이다. 또한 모세는 유대인들에게뿐 아니라 기독교인들에게도 무슬림들에게도 대단히 중요한 믿음의 조상이다 보니 그의 형 또한 모세처럼 존중을 받는 인물이 되었다. 이렇게 존중받는 인물의 무덤이 페트라 안의 호르 산 꼭대기에 있다.

이 지방 사람들의 말에 의하면, 원래 아론의 무덤은 아라바 광야 남쪽에 있었지만 너무나 많은 양치기들이나 상인들이 왔다갔다 하면서 아론의 영혼을 더럽히고 방해할 수 있어 이곳 높은 산꼭대기로 장지를 옮겼다고 한다.

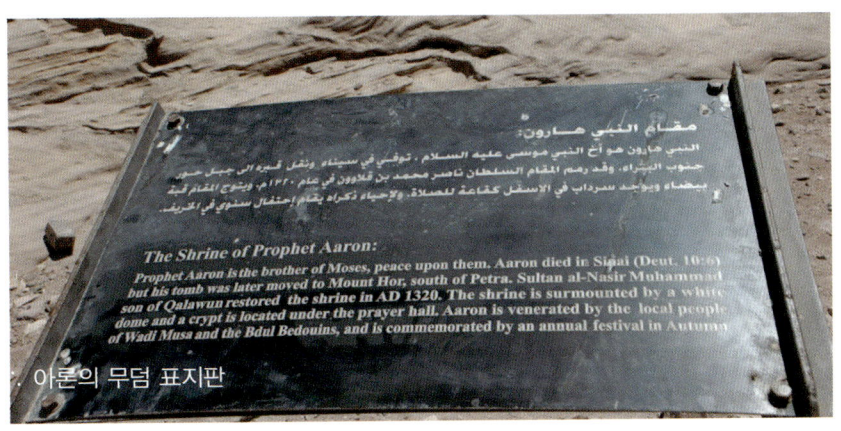

아론의 무덤 표지판

I. 장밋빛 도시 페트라

아론의 죽음에 관해 언급되어 있는 성경 구절은 세 군데가 전부이다. 아론의 죽음 및 매장 그리고 장례에 대해서는 성경 민수기 20장 22-29절에 정확히 기록되어 있다.

"너는 아론과 그 아들 엘르아살을 데리고 호르 산에 올라 아론의 옷을 벗겨 그 아들 엘르아살에게 입히라 아론은 거기서 죽어 그 조상에게로 돌아가리라……모세가 아론의 옷을 벗겨 그의 아들 엘르아살에게 입히매 아론이 그 산 꼭대기에서 죽으니라" **민 20:25-28**.

"너는 여리고 맞은편 모압 땅에 있는 아바림 산에 올라가 느보 산에 이르러 내가 이스라엘 자손에게 기업으로 주는 가나안 땅을 바라보라 네 형 아론이 호르 산에서 죽어 그의 조상에게로 돌아간 것같이 너도 올라가는 이 산에서 죽어 네 조상에게로 돌아가리니 이는 너희가 신 광야 가데스의 므리바 물가에서 이스라엘 자손 중 내게 범죄하여 내 거룩함을 이스라엘 자손 중에서 나타내지 아니한 까닭이라" **신 32:49-51**.

"이스라엘 자손이 브에롯 브네야아간에서 길을 떠나 모세라에 이르러 아론이 거기서 죽어 장사되었고 그의 아들 엘르아살이 그를 이어 제사장의 직임을 행하였으며" **신 10:6**.

아론 그는 누구인가? 아론은 모세의 형이다. 성경에 언급된 아론과 모세에 대한 구절을 찾아보자.

"이스라엘 자손을 그들의 군대대로 애굽 땅에서 인도하라 하신 여호와의 명령을 받은 자는 이 아론과 모세요" 출 6:26.

"여호와께서 시내 산에서 모세와 말씀하실 때에 아론과 모세가 낳은 자는 이러하니라" 민 3:1.

이집트에 있을 때, 하나님께서는 모세가 말을 잘하지 못한다고 핑계를 댔을 때 아론을 모세의 대변자로 삼으셨다(출 4:10-16). 이집트에서 10가지 재앙이 있었을 때, 아론은 중요한 역할을 해냈다(출 5-8장).

아론은 제사장으로서 중요한 역할을 했지만 때로는 부정적인 모습도 보였다.

모세가 구스 여자를 취하였을 때 아론은 미리암과 함께 모세를 비방하였다. 이스라엘 사람이 아닌 여자와 결혼했다는 이유 때문이었다(민 12장). 그때 하나님께서는 아론과 미리암에게 진노하셨다.

므리바 물가에서는 물이 없어 불평하는 이스라엘 백성들을 모아 놓고 혈기를 부리며 바위를 쳐서 물을 나게 했다. 하나님의 거룩함을 드러내지 못한 이유 때문에 결국 모세와 아론은 가나안 땅에 들어갈 수 없었다고 성경은 기록하고 있다(민 20:1-13).

또한 모세가 시내 산에 올라 십계명을 받느라 내려오는 시간이 지체되었을 때, 백성들은 아론에게 그들을 인도할 신을 만들라고 아우성이었고, 아론은 그들의 요구대로 금송아지를 만들어 제사를 지내게 하였다.

반면 아론은 출애굽 여정에서 아말렉과 전쟁을 하는 동안 기도를 하여 전쟁을 승리로 이끈 긍정적인 모습을 보이기도 했다(출 17:8-13).

아론의 무덤은 페트라 안에서 가장 높은 산 꼭대기에 있기 때문에 페트라 전체를 한눈에 내려다볼 수 있어 좋다. 내가 이 높은 곳까지 올라왔다는 통쾌함과 성취감은 정말 이루 말할 수 없었다. 등산을 하거나 특히 험한 산을 오르는 산악인들을 보면 왜 고생을 사서 하나 하고 이해를 하지 못했는데, 고지를 정복하고 난 뒤에 따르는 성취감과 정복감을 함께 느낄 수 있었다. 이것은 죽을 것같이 힘든 시간을 지나 산 정상을 정복해 본 자만이 알 수 있는 희열이다.

산꼭대기에 서니 가슴이 확 트인다. 이렇게 조용하고 공기 맑고 전망 좋은 곳에 있으면 신의 존재를 찾지 않을 자가 없을 것이다. 없던 영감과 영성이 생길 것만 같았다. 엘리야가 영감이 충만한 사람이었는데 그가 살던 디셉 지역 즉 요르단의 북쪽 아즐론 지역에 가보면 얼마나 공기가 맑고 깨끗하고 조용한지 그때와 같은 느낌을 받는다.

이렇게 힘들게 올라왔는데 바로 내려간다는 것은 좀 억울했다. 산꼭대기이다 보니 바람이 시원하고 전망도 좋아 충분히 휴식을 취하고 사진도 찍고 출애굽 당시의 이스라엘 백성들 그리고 아론을 이곳 산꼭대기에 묻기 위해 올라왔을 모세와 믿음의 조상들을 생각하며 영적인 재충전까지 해보았다.

아론의 시신을 안치하여 만든 무덤에 건물을 지었다. 그 건물 위에는 옥상이 있는데 둥근 돔을 만들어 하얀 색으로 페인트 칠을 해놓았다. 옥상으로 올라가는 계단을 타고 올라가면 페트라 전체가 시야에 들어온다. 옥상 끝자락에 서서 두 팔을 벌려 보니 내가 마치 타이타닉 호에 타고 있던 주인공이 된 기분이었다. 동서남북을 다 볼 수 있다.

서쪽으로는 아라바 광야가 아련히 펼쳐져 있고 저 너머에 이스라엘까지도 훤히 보이는 것 같았다. 남쪽으로는 시내 산과 네게브 사막이 있다. 북동쪽으로는 바위산을 이룬 세일 산들이 펼쳐져 있다.

■■ 비잔틴 시대의 교회 터

아론의 무덤 앞에서 서쪽으로 바라보면 비잔틴 시대 때의 교회 터를 볼 수 있다. 페트라에 그리고 호르 산에 초기 기독교가 존재했다는 증거가 된다. 사도 바울 시절, 아라비아는 페트라를 수도로 삼은 나바테아 왕국이 통치하고 있었다.

∴ 아론의 무덤 아래 비잔틴 시대 교회터

> 또 나보다 먼저 사도 된 자들을 만나려고 예루살렘으로 가지 아니하고 아라비아로 갔다가 다시 다메섹으로 돌아갔노라 **갈 1:17**.

20세기 초 탐험가들은 발굴 작업을 통해 페트라 안에 있는 교회들을 발견하였다.

■■ 와디 아라바(아라바 계곡)

아라바 계곡은 요르단의 유일한 항구인 홍해에서 사해 남단까지 길이가 150km 정도 되고, 폭은 서쪽 네게브 사막에서 동쪽 에돔 땅 즉 페트라까지 대략 20-30km에 이르는 계곡이다.

이제 서서히 내려올 준비를 하였다. 시간이 벌써 오전 11시가 되었다. 아침 7시 조금 넘어 오르기 시작한 산인데 오르는 데 거의 3시간 가까이 걸렸고 위에서 1시간 정도를 소요한 셈이다. 아침 일찍 출발하다 보니 배꼽시계가 울린다. 그래서 배낭에 싸온 물과 비상 식량(바나나, 오이)을 꺼내 잠시 요기를 달랬다. 이 높은 곳에 시원한 물이나 먹을 것을 파는 곳이 있다면 좋겠지만 과연 몇 명이나 이곳에 온다고 그들을 위해 카페테리아나 커피숍을 차리겠는가.

내려오는 길은 올라갈 때보다 훨씬 수월하고 시간도 적게 걸렸다. 내려올 때는 대략 2시간 정도가 소요되었다. 그러나 계곡 밑에 엉성하게 지어 만든 카페테리아에서 음료수를 마시고 뜨거운 태양에서 잠시 쉬다 보니 시간은 3시간 정도가 걸렸다. 카페테리아에는 70이 넘은 노인이 자리를 지키고 있었다. 유적지 안이라 정부에서 이런 건물을 짓지 못하도록 했다. 그런데 이 할아버지는 무리하게 지은 모양이다. 그리고 정부의 간섭이 있어 좀 골치가 아프다고 했다. 그도 그럴 것이, 유적지 안에서 돈을 벌겠다고 너 나 할 것 없이 커피숍이나 가게를 만든다면 유적도 자연경관도 훼손될 것이다.

내려올 때도 당나귀를 타고 내려오는데, 경사가 심한 곳은 당나귀 등에서 앞으로 꼬꾸라질까봐 손잡이를 꽉 잡고 안간힘을 쓰다 보니 이 또한 힘들었다. 올라갈 때 3시간, 내려갈 때 2시간 정도를 당나귀를 타다 보

∴ 와디 아라바

니 엉치뼈가 너무 아팠다. 그나마 걷지 않아서 다행이지만 다들 걸을 때 엉덩이가 아파 어기적어기적거렸다.

■■ 수도원(The Monastry, Al Deir)

페트라 박물관을 지나 가다 보면 수도원으로 올라가는 계단이 시작된다. 오전에 아론의 무덤을 등반한 후 내려와 간단히 점심을 먹고 수도원을 오르려고 하는 시간은 오후 3시였다. 가장 뜨거운 시간이다. 지쳐서 어떻게 또 올라가야 되나라는 생각이 더욱 힘들게 했다. 그래도 언제 이곳을 올라가겠나 싶어서 각오를 새롭게 해 등반을 시작했다. 오르는 데는 40-50분 정도가 소요된다고 하였다.

∴ 수도원 내부
∴ 수도원

바위를 깎아 만든 계단도 나오고 평지도 나오고 가장 뜨거운 시간의 태양을 온몸으로 받으며 올라가는 길은 그야말로 순례의 길이요 고행의 길 그 자체였다. 벌써 그곳에 올랐다 내려오는 사람들을 마주하는데 그들이 정말 부러웠다. 그리고 만나는 사람마다 얼마쯤 남았냐고 물어보니 몇 사람을 만나 물어봐도 40분 정도 걸린다고 했다. 전체 걸리는 시간이 40분 정도라고 했는데 한참을 가다가 물어봐도 또 40분 정도를 더 가야 된다고 대답하니 맥이 빠졌다. 그냥 잠깐이면 된다고 말해 주면 안 될까, 조금만 더 가면 된다고 힘을 주는 말을 하면 안 될까 생각했다. 나는 나중에 내려오면서 올라오는 사람들을 만난다면 조금만 더 가면 된다고 응원하는 말을 꼭 해야겠다고 다짐했다.

계단을 기다시피하여 마침내 목적지인 수도원에 다 올라왔다. 수도원은 얼핏 보면 보물 신전과 비슷했다. 하지만 그 조각은 더 단순하고 정교함이 떨어졌다. 수도원은 보물 신전보다 더 크고, 페트라 안의 조각물이나 건축물들 중에서는 가장 큰 규모이다. 전면의 폭은 50m이고 높이는 45m이다.

현재 수도원이라고 불리고 있는데 이곳이 AD 4세기경, 비잔틴 시대 때 교회로 쓰였기 때문이다. 수도원 건물 안에는 바위에 십자가가 새겨져 있다. 이것을 처음 만든 주인공들은 나바테아족들인데, 무덤으로 만들었는지 제사를 지내기 위해 만들었는지는 정확하지가 않다. 건물 안은 그냥 단순히 돌을 파서 만든 큰 직사각형 방들이고, 벽에 아무런 조각이나 장식이 없다. 하지만 자연적으로 생긴 바위 자체의 색상이나 무늬들은 어떤 궁중의 벽화나 장식보다 훌륭한 것 같다.

수도원 바로 앞에는 올라오느라 지친 여행객들을 위한 천막으로 만든 카페테리아가 있다. 이 땡볕에 애를 쓰며 올라왔는데 시원한 물을 원하지 않을 자가 없을 것이다. 이 높은 곳에 냉장고를 설치하고 시원한 물을 팔고 있으니 장삿속이 대단한 것 같다.

나도 물론 시원한 물을 사 마시기도 했지만 한국 사람의 원조이다 보니 점심으로 싸가지고 온 컵라면을 꺼내 뜨거운 물을 얻어 맛있게 먹었다. 이 뜨거운 날씨에 뜨겁고 매운 한국 컵라면으로 이열치열의 극치를 맛보았다.

히말라야 산맥 등 정상을 정복하는 한국 등반가들의 배낭 속에 고추장이 필수라는 말을 들었다. 역시 한국인의 힘과 끈기는 고추장과 김치에서 나오는가 보다. 고추장과 김치에서 힘이 불끈불끈 솟아나는 것 같다. 한국 사람 중에서 이곳 수도원까지 올라오는 사람들도 드물지만 또 여기에 와서 컵라면을 먹은 사람은 우리밖에 없을 것이다.

한낮 열사의 열기 속에서 수도원을 기다시피 올라오면서 내내 나바테아족들을 원망했다. 도대체 무슨 목적으로 건물을 이 높은 곳에 만들어서 후대 사람들을 생고생을 시키는 것인지 이해할 수 없었다. 낮은 곳에 만들어 놓았더라면 사람들이 더 많이 찾아올 수 있을 텐데 하는 아쉬움이 있었다.

하지만 정상을 정복하고 난 뒤에 내려오면서는 그 이유를 충분히 이해할 것만 같았다. 이곳을 신께 제사 드리는 신전으로 지었건 죽은 자를 묻는 무덤으로 사용하였건, 이곳을 오르내리는 산 자들은 가능한 속세와 멀리 떨어지고 또 가장 하늘과 가까운 높은 곳에 와서 조용히 그리고 맑은 영혼으로 신께 제사드리거나 죽은 자의 영혼을 달랬을 것이다.

문명이 발달되기 전에 신전이나 수도원 등은 속세나 도심지에서 멀리 떨어진 곳, 그런 곳에서도 가장 높은 곳을 선택하여 지어진 것을 볼 수 있다. 시리아에 가면 알렙포 북쪽에 시므온 수도원이 있는데 그곳도 도심지와는 멀리 떨어지 높은 곳에 지어졌다. 그 높은 곳 중에서도 시므온 수도사는 고행을 위해 높은 기둥탑을 지어 더 높은 곳에 올라가 살면서 신과 더 가까워지려고 노력했다.

그러나 현대에는 신을 예배하는 교회나 성당 혹은 이슬람 사원 등이 사람들 속에 함께 섞여 있다. 아무래도 바쁜 현대 생활 때문에 신을 찾기 위해 먼 곳까지 가야 하는 번거로움을 피하기 위해서겠지만 예나 지금이나 맑은 영혼을 소유하고 조용하고 깨끗한 마음으로 신을 찾기 위해서는 속세와는 떨어진 조용한 곳으로 가는 것이 상책일 것이다.

아론의 무덤에서 내려와 공주의 성 옆에 있는 식당에서 잠시 휴식을 취하고 물도 마신 뒤 힘을 재충전하여 수도원으로 가는 산을 올랐었다. 가장 뜨거운 시간 오후 3시에 오르는 것은 정말 죽을 맛이었다. 땀은 비 오듯 흐르는데 군데군데 만들어져 있는 계단을 오를 때마다 순례자의 길을 생각했다. 고행이란 이런 것이구나. 너무 다리가 아파 힘들 때 오늘 안으로는 올라가겠지, 내려오는 사람들을 보며 저들도 올라갔는데 나라고 못 올라갈쏘냐 하는 오기로 이를 악물고 올라갔다.

산꼭대기에 도달했을 때의 그 성취감과 기쁨은 산 정상에 도달해 본 사람이라면 다 알 것이다. 바로 이때의 희열 때문에 산을 오르지 않겠는가? 아이를 낳는 사람도 마찬가지일 것이다. 비록 열 달 동안 배에다

품고 또 키우면서 힘들지만 새 생명의 탄생을 맛보는 그 기쁨은 애를 낳아 본 사람만이 잘 알 것이다.

왜 수도원은 산꼭대기에 있어야만 하는가에 대해 깊이 생각해 보는 시간을 가졌다. 유사 이래 수도원은 항상 속세와 멀리 떨어진 곳, 그중에서도 산 속에 있는 경우가 많다. 기독교 수도원이건 불교의 절이건 마찬가지다. 사람이 많은 곳을 떠나 한적하고 조용한 곳, 좀더 높고 좀더 깊은 골짜기일수록 좋다. 이런 곳에 있을 때 인간은 속세의 상념을 떨쳐 버리고 순수하게 명상에 잠길 수 있다. 꼭대기까지 올라오는 동안 잡념이 사라질 것 같았다.

∴ 그리스, 마테오라 수도원

이런 수도원은 전 세계 여기저기 있다. 그중에 하나가 바로 그리스 메테오라에 있는 수도원들이다. 메테오라에는 바위산들이 솟아나 있다. 아마 오래전 바다 밑이 솟아 올라온 것 같다. 사암으로 된 기둥 모양으로 우뚝 솟은 바위산 위에 그리스 정교회 수도원들이 세워져 있다. 14세기에 처음으로 수도원이 세워지기 시작하였다. 그러다 15세기에 오스만 터키 제국의 공격과 탄압을 피해 이곳으로 피신하거나 찾아온 수도사들에 의해 본격적으로 수도원들이 세워졌다.

바위 위에 수도원을 세우고 일부러 수도원으로 올라가는 길은 만들지 않았다. 속세와 차단하고 수도에 전념하고자 함이었다. 수도원으로 들어가는 길이 없으니 바위산 위에 고립되어 있는데 사다리로 길과 연결하여 출입을 하거나 도르래를 타고 출입하였으며, 음식도 도르래를 이용하여 들어올렸다.

메테오라 지역 자체도 속세와는 멀리 떨어진 외진 곳에 있는데다 철저히 세상과 단절하여 오로지 신에게만 집중하고자 하는 그 자세에 절로 고개가 숙여진다. 지금도 그곳에서는 수도사들이 오로지 신에게 가까이 가기 위해 수도를 하고 있다.

이런 구도자의 자세에 감동을 받고 전 세계에서 많은 관광객들이 이곳을 찾아오자 많은 수도사들이 수도에 방해가 되어 다른 곳으로 떠나버려 요즘은 수도사들이 몇 명 남아 있지 않다. 비록 외국 관광객이지만 이곳 수도원에 들어가려면 반바지 차림은 안 된다. 입구에서 나누어 주는 치마를 두르고 들어가야 한다. 모자도 벗고 들어간다. 많은 수도원들 중에 삼위일체 수도원은 "007 Your Eyes Only" 영화의 마지막 장면을 촬

∴ 시리아, 성 시므온 수도원

영했던 곳으로도 유명하다.

　시리아에도 가 보면 그런 수도원들이 많다. 시리아의 북부 도시 알렙포에서 1시간 정도 떨어진 곳에 성 시므온 수도원이 대표적인 예이다. 성 시므온은 기둥 위에 살면서 결코 땅으로 내려오지 않고 그 높은 곳에서 수도를 하였다. 기둥 위에 살면서 평생을 고행했다. 그래서 주상 성자 시므온이라고 불렀다.

　주상 성자 시므온은 서기 389년 시리아의 셀리키아에서 태어났다. 원래 양을 치던 목동이었지만 16세에 수도원에 입문하여 고행을 통해 성자로서 삶을 살아가려고 했다. 그래서 기둥을 만들어 죽을 때까지 37년 동안 기둥에서 내려오지 않고 수도 생활을 했다. 기둥 높이는 20m였다. 기둥 위 좁은 공간에서 수행하다 떨어질 수도 있기 때문에 추락을 막기 위해 자신의 몸을 쇠사슬로 묶기까지 하면서 기둥 위에서 459년에 영면을 맞았다.

사람들로부터 멀어지는 것, 시끌벅적한 세상과 멀어지는 것, 그것은 수도의 첫 단계인 것 같다. 몸은 현실과 동떨어져서 살 수 없지만 도심 한복판에서도 때로 사람과 돈과 복잡한 일로부터 잠시 나를 홀로 두는 것은 수도의 기본 자세가 될 것이다.

가장 뜨거운 시간에 산을 올랐는데, 내려올 때는 저녁 6시쯤 되어 그래도 해의 열기가 좀 식어서 다행이었다. 그리고 내려오는 길이니 올라갈 때보다 한결 수월하였다.

내려오면서 또 다른 걱정이 생겼다. 바로 베이다 지역의 입구에 세워 둔 차까지 어떻게 또 저 높은 곳을 올라가느냐 하는 것이었다. 하나님께 기도했다. 그 안에 들어온 차들이 나갈 때 우리를 좀 태워 주도록. 하지만 기도가 약한 탓이었는지 차를 타는 것은 포기해야만 했다.

그 안에 차로 들어오는 사람들은 페트라 안에서 일하는 공무원들이거나 출입증이 있는 사람들이었다. 그래서 외국 관광객들을 태워 주는 것은 금지되어 있다고 태워 주는 것을 모두 거절했다. 국가 규정이라니 그 땡볕에 걷는 것을 원망할 수도 없었다.

마찬가지로 베이다 지역에 사는 사람들은 이 안에 자기가 소유한 당나귀나 낙타를 타고 들어와 영업을 하는데 우리가 나가는 시간이 6시 반쯤 되다 보니 이들도 퇴근 시간이 되어 집으로 돌아가고 있었다. 그들은 우리에게 당나귀를 타도록 권유했다. 우리에게는 부담이 되는 액수여서 탈 수는 없었다. 그냥 가는 길에 태워 달라 했건만 빈 당나귀와 빈 낙타로 가면서도 끝내 거절하였다. 정말 너무 원망스러웠다.

우리를 태워 줬더라면 그 고마움을 잊지 못하고 우리가 감사를 표현하고 또 페트라의 좋은 친구가 되었을 텐데 끝내 돈만 요구하던 그들의 상업적인 모습에 실망했다. 원래 베두인들의 특징은 관대함과 친절 그리고 섬김이 아니었던가! 그 모습은 이제 어디로 다 사라지고 돈만 밝히는 이들이 되었는가! 정말 안타까웠다.

이를 악물고 그 험한 경사의 길을 걸어 결국은 차에까지 도착을 하였다. 아, 드디어 올라왔구나 하는 감탄으로 희열을 느꼈다. 2009년 6월 27일은 단 하루 만에 페트라에서 가장 높은 곳만 골라 무려 세 군데의 산(아론의 무덤, 수도원, 베이다 마을 지역)을 탄 역사적이고도 가슴 뿌듯한 하루였다. 내 인생 최고의 날이었다.

■■ **투르크마니야 길**

∴ 투르크마니야 길(위에서)

∴ 투르크마니야 길

아론의 무덤으로 가기 위해서는 페트라 입구에서 입장권을 사서 들어가야 한다. 그런데 우리는 입장권을 사서 페트라 정문으로 입장하지 않고 베이다 지역 사람들이 살고 있는 곳에 있는 입구로 들어갔다. 자동차는 입구에 주차를 해두었다. 그 입구에서 내려가는 길이 투르크마니야 길이다. 입구에서 깊은 경사로 길이 내리막길이다. 아침에 내려갈 때는 내리막이니 상관없지만 오후에 올라올 일이 꿈만 같았다. 그래도 나중 일은 나중에 걱정하기로 하고 무작정 길을 내려가기 시작했었다.

■■ 옴 알 비야라

공주의 성에서 산등성이를 타고 오르막길을 오르다 보면 가장 먼저 바로의 기둥이 홀로 우뚝 서 있다. 이곳에서 조금만 더 가면 옴 알 비야라는 바위 계곡들이 장엄하고 무게 있게 자리 잡고 있다. 앞뒤 좌우로 바위들이 넘쳐 있다 보니 그게 그것 같은데도 각기 고유의 이름이 있다니 신기하기만 하다. 특히 옴 알 비야라 바위산에는 바위와 계곡에서 솟아나오는 샘들이 많아 신기하기만 하다.

■■ 와디 사브라(Wadi Sabra)

와디 사브라라는 이름은 처음 이곳에 사람들이 살던 때의 이름이 아니다. 예전 이름은 알려져 있지 않고, 현대에 와서 이름이 붙여졌다.

공주의 성에서 올라가다 보면 와디 사브라까지 가는 길은 두 가지가 있다. 먼저는 쑤그라(Wadi Thughra)를 지나 뱀 신전을 거쳐 갈 수 있고, 다른 길은 와디 누메르(Wadi Nmeir)를 거쳐 갈 수 있다. 어느 곳에서 출발했건 두 길 다 결국에는 와디 알 바타히(Wadi al-Batahi)를 지나 와디 사브라(Wadi Sabra)로 통하게 된다.

가는 길에 와디 사브라(Wadi Sabra)를 지나간다. '와디'라는 아랍어는 '계곡'이란 뜻인데, 바위 사이에 깊은 계곡이 있다. 지금은 말라 버려 물이 전혀 없지만 과거에 이곳에 흘렀을 시원한 물을 연상해 본다. 지금은 중동 지역뿐만 아니라 페트라 안도 강우량이 거의 없고 물이 없다 보니 꽃이나 나무가 거의 없지만 불과 50-60년 전만 해도 이곳에는 나무들이 울창했다고 나이가 지긋한 베두인들이 말하고 있다.

지금도 군데군데 계곡에는 핑크빛 협죽꽃이 피어 있다. 이 뜨거운 날씨에 물도 없는데 저렇게 꽃을 피우고 있다니 정말 경이롭고 신기하다. 생명력이 대단하다.

와디 사브라 깊숙이에 작지만 섬세하고 붉은 로마 원형극장이 있다. 이 로마 원형극장은 전성기 때 700명 정도를 수용할 수 있는 규모였다. 그리고 극장 뒤편으로는 계곡의 바위를 파서 만들어 놓은 물 저장소가 있다. 이 뒤편에 바로 나바테아족들의 거주지들이 보인다. 아마도 AD 1세기경에 이곳에 거주하였을 것이다.

이런 점들을 볼 때 와디 사브라는 남쪽 지역인 사우디나 이집트에서 올라오는 사람들에게 무역로의 종착역이자 중심지가 되었던 것 같다. 사막에서 가장 중요한 시원한 물이 있고 숙박지가 있으니 먼 길을 달려온

상인들과 짐승들이 쉬었다 가기에 적합한 지역이었다.

■■■ 뱀 신전(Snake Monument)

또 가는 길에 산등성이 위에 뱀 신전이 보인다. 뱀 모양을 새겨 놓아 뱀 신전으로 불리운다. 밑에는 정사각형의 바위를 파고 그 위에 뱀 모양을 새겼는데 페트라 안에서 바위를 깎아 만든 조각물 중에서 훌륭한 작품에 속한다. 이 뱀 신전이 처음 어떤 목적으로 만들어졌는지는 수수께끼 같아서 여러 가지 추측을 낳는다.

∴ 뱀 신전

■■ 페트라 박물관

페트라 박물관은 페트라 입구에서 시크를 따라 알 카즈나 신전을 지나고 로마 야외극장 그리고 공주의 성까지 도착하면 바로 밑에 조그맣게 자리 잡고 있다. 오성급 페트라 크라운 플라자 호텔에 소속된 식당 바로 옆에 있다. 이 안에는 페트라 안과 주변에서 발견된 유적들을 보관해 놓았다.

∴ 페트라 박물관 안의 여신 알우짜

■■ 모세의 샘(아인 무사)

페트라에 도착하면 페트라에 입장하기 전에 먼저 맞이하는 곳이 바로 모세의 샘이다. 모세가 지팡이로 바위를 쳐서 물이 솟아 나왔다고 전해지고 있고, 요르단 정부에서도 이를 기념하여 건물을 지어 보존하고 있다.

건물 내에는 모세가 지팡이로 쳤을 것으로 추정되는 바위가 있다. 바위 아래로는 시원하고 깨끗한 물이 계곡 밑에서 흘러나온다. 우리나라라면 약수터로 소문이 나 물을 받으러 오는 사람들이 줄을 이을 것이다. 이곳에 사는 사람들도 물통을 들고 와서 물을 받아 간다. 이 물을 그냥 마시기도 하고 밥을 해먹기도 하고 차도 끓여 먹는다.

∴ 모세의 샘

　이곳 페트라에는 현재 모세의 샘으로 지정된 곳 말고도 주변에 이렇게 지하수가 나오는 곳이 여러 군데 있다. 이렇게 페트라 주변의 지하수는 과거 에돔족 이전부터 있어 이곳은 사막의 오아시스로 알려졌다. 그래서 남쪽 사우디아라비아와 이집트 쪽에서부터 시리아나 이라크 북부로 무역을 하러 길을 떠날 때 반드시 페트라 지역을 통과해야만 했다. 통행세도 숙박비도 지불해야 하지만 이 길 외에는 다른 길이나 숙박지가 없었기 때문에 터무니없이 비싼 금액에도 불구하고 이곳에 머물다 가야만 했다. 아무리 비싸도 무역을 하여 얻을 어마어마한 부를 생각하면 감수할 만하였나 보다.

　모세의 샘은 성경의 출애굽 당시 모세와 이스라엘 백성들이 광야생활을 하던 이야기와 관련이 있다. 광야생활을 하던 이스라엘 백성들이 물이 없어 불평불만을 터트리자 모세가 가지고 있던 지팡이로 바위를 쳐서 물이 나왔다고 추정하는 곳이다.

성경을 보면 모세가 물이 없어 불평하는 이스라엘 백성들에게 물이 나오게 한 므리바 물의 이야기는 두 군데가 나온다. 첫 번째는 신(Sin) 광야에서 르비딤에 이르렀을 때 마실 물이 없어 백성들이 불평을 하자 호렙 산(시내 산)에 이르러 지팡이로 바위를 쳐 물이 나오게 된 맛사 또는 므리바 물가이다(출 17:1-7).

그리고 민수기 20장 1-13절에는 가데스 바네아를 근거지로 삼아 광야생활을 하다 누이 마리암이 죽었을 때도 회중이 물이 없어 모세와 아론을 공박하자 화가 난 모세가 지팡이로 반석을 두 번 쳐서 물이 나오게 한 므리바 물가가 언급되어 있다. 이 므리바 물 사건 때문에 결국 모세와 아론은 가나안 땅에 들어가지 못했다. 하나님의 거룩함을 나타내지 못한 이유 때문이었다.

시내 산에 위치한 므리바나 가데스 바네아에 위치한 므리바는 성경의 문맥과 지리적 관점에서 볼 때 페트라 입구에 있는 와디 무사라 불리는 샘은 아닌 것 같다. 아마도 후대에 이르러서 이 척박한 광야 사막지대에서 오아시스와 같은 귀한 물이 샘솟는 것을 보고 마치 모세가 하나님께 간구하여 나온 물과 다름없는 귀한 생명수이기 때문에, 또 모세의 형 아론이 죽어 묻힌 호르 산이 가깝기도 하여 후손들에 의해 모세의 샘으로 전승되어 내려왔을 것으로 추정된다.

이 물가는 현지 아랍 지역에서도 모세의 샘으로 알려져 있어 무슬림 친구들도 경건하고 거룩한 마음으로 성지순례를 온다. 그리하여 아랍어로 아인 무사라고 부르고 있다.

모세의 샘은 페트라 입구에만 있는 것이 아니고 느보 산에 들어가기 전 깊은 계곡 밑에도 있다. 페트라 입구에는 계곡 밑 거의 평지에 있다 보니 관광객들이 모두 방문을 하지만 느보 산 밑에 있는 모세의 샘은 경사가 심하고 깊은 계곡 밑에 있다 보니 대형차를 타는 관광객들은 가보지 못한다. 현지에 살고 있는 나 같은 사람은 소형차로 다녀올 수 있다. 계곡에서 시원하게 물이 쏟아져 나오고, 물이 있으니 올리브 나무, 레몬 나무 등 몇 가지 농사가 되고 있다. 위에서 보면 모세의 샘이 흘러 농사 짓는 지역이 푸르게 보인다.

∴ 모세의 샘(느보 산 밑)

■■ 코끼리 언덕

∴ 코끼리 언덕

페트라에 다 와서 알바리드로 가는 길목에 큰 바위 위에 코끼리 상의 돌조각이 세워져 있다. 시기는 나바테아족 시대 때로 추정된다. 왜 이곳 길목에 양을 치던 베두인들이 코끼리 상을 만들어 세워놓았을까? 의아하기만 하다. 숲 속에 사는 코끼리를 사막의 베두인들이 본 적이 있었을까? 그런데 왜 코끼리를 조각해 놓았는지 정확한 이유를 알 수는 없다.

■■ 와디람

암만에서 남동쪽으로 320km 떨어진 곳에 위치해 있다. 아카바 항구에서 오자면 아카바 북동쪽 35km 지점에 위치한 사막 지역으로, 사막 안에 바위 경관들이 아주 아름답다.

∴ 와디람에 있는 나바테아족의 신전터

이곳에는 나바테아족의 유적이 있다. 바위에 새겨진 그들의 언어와 제사를 지냈던 신전 터가 남아 있다. 사암으로 이루어진 바위산들은 태양을 받는 시간에 따라 그 아름다운 자태를 바꾼다. 사진작가들이나 방송을 위해 사진을 찍는 사람들의 눈에는 와디람의 모습이 너무 아름다운가 보다. 이곳에서 야영을 하면서 와디람의 아름다움을 가득 담아간다.

와디람의 매력 중의 하나는 일출과 일몰이다. 해가 지기 전 오후에 미리 지프차를 타고 사막 사파리를 한다. 해 지는 시간을 맞추기 위해 최소한 해가 지기 2-3시간 전에 사막 사파리를 해야 한다. 해가 질 무렵이면 일몰을 바라보며 즐길 수 있는 명당이 있는데 모두 그곳에 모여 앉아 지는 해를 바라보며 저마다 머릿속에 이런 저런 생각과 상념에 젖게 된다. 무슨 생각들을 하고 있을까 궁금하기도 하다.

∴ 와디람 일출

정말 멋있는 것은 베두인 아저씨가 담배 한 대를 피워 물고 먼 곳을 바라보며 깊은 생각에 잠겨 있는 모습이다. 뜨거운 하루 동안 열심히 일하고 난 후에 찾아오는 뿌듯함이 아닐는지. 인생을 열심히 살다 마지막 가는 길에도 내게 주어진 인생을 잘 살았구나라고 뿌듯함을 느끼고 후회함이 없도록 열심히 살아야겠다.

와디람만의 또 다른 매력이 있으니, 그것은 바로 밤하늘의 영롱한 별이다. "밤하늘의 뭇별을 보라." 하나님께서 아브라함에게 밤하늘의 영롱한 별들을 보여주며 자손 번성에 대한 무한한 비전을 보여주셨다(창 15:5).

고운 모래 언덕이 쌓인 곳이 있는데, 꼭대기에 올라갔다 내려올 때 그 통쾌함은 이루 말할 수 없이 스릴이 있다. 유럽 사람들은 이것을 즐

모래언덕

기기 위해 보드까지 가지고 와 꼭대기에서 보드를 타고 밑으로 내려온다. 대단한 사람들이다.

와디람의 놀라운 보물은 와디람 근처의 디시라는 지역에 보관된 어마어마한 양의 지하수이다. 요르단 정부에서는 이미 디시에서 암만까지 400km 정도 되는 사막 길에 수로를 깔기 시작했다. 요르단의 부족한 물 문제를 해결하자는 것이다. 공사는 터키 회사에서 맡아서 하고 있다. 시작한 지 몇 년 되었는데 그동안 여러 우여곡절이 있어 아직도 공사를 하고 있다.

요르단의 1년 강우량은 200-250mm정도밖에 되지 않는다. 자연적인 비에 의존하기에는 턱없이 부족한 강우량이다. 그렇다고 지하수가 있는 것도 아니고 강이 있는 것도 아니다. 기름이 팡팡 나오는 걸프국가들처럼 바닷물을 담수해서 쓸 만큼 돈이 많은 것도 아니다. 그래서 디시 프로젝트는 요르단에 식수와 생활용수를 제공하는 귀중한 프로젝트다.

공사가 완공되면 디시의 물 사용을 대략 50년 정도로 예상하고 있다. 50년 정도 뽑아 쓰면 물이 다 없어져 버릴 것이다. 그 후에는 또 어떻게 물 문제를 해결할 것인가? 그다음 프로젝트가 바로 홍해-사해 프로젝트, 간단히 줄이면 홍사 프로젝트이다. 물이 줄어들고 있는 사해에 홍해 바닷물을 끌어다 채우는 프로젝트인데, 물을 채우면서 담수시설을 하여 가장 깨끗한 물을 식수로 공급한다는 내용이다.

이 공사를 할 경우, 충분한 물을 수십 년간 쓸 수 있으므로 요르단의 물 문제를 시원하게 해결해 줄 수 있다. 하지만 홍해에서부터 사해까지 수로를 파기 위해서는 아라바 광야 사막을 파헤쳐야 하는데, 그에 따른 생태계 파괴나 변화, 인위적으로 바닷물을 사해에 끌어들일 경우 지

로렌스 우물

금처럼 사해에 풍부한 미네랄이 있을까, 지금처럼 사람 몸이 둥둥 뜰 수 있을까 등 연구를 계속하고 있다. 또한 수익성이 있을까도 주요한 과제이다. 그래서 공사를 언제 시작할지는 요원하기만 하다.

아름답고 여러 가지로 보고인 와디람을 배경으로 해서 만든 세계적으로 유명한 영화가 있으니 바로 "아라비아의 로렌스"이다. 이 영화는 1960년대 초반에 만들어졌다. 내용은 영국인 장교 로렌스가 1917-1919년 동안 이곳에 머물면서 와디람과 요르단 주변의 베두인들을 설득하여 오스만 터키 제국으로부터 아랍을 독립시켜 주겠다고 약속하여 힘을 합해 오스만 터키 제국과 전쟁을 하는 내용이다.

2014년 9월에 한국 드라마 "미생"을 촬영한 곳이기도 하다.

■■ 세렛 강(현재명 와디 알하사)

세렛 강은 모압족과 에돔족 땅의 경계선이었다. 성경에는 세렛 골짜기 혹은 세렛 시내로 언급되어 있다(민 21:12). 말이 강이지 지금은 물 한 방울 없고 강이 흘렀을 법한 강 자국과 계곡만 남아 있다. 현재의 이름은 와디 알하사이다.

∴ 세렛 강

II. 페트라를 차지했던 에돔족, 그들은 누구인가?

Ⅱ. 페트라를 차지했던 에돔족, 그들은 누구인가?

페트라
요르단의 세계 신 7대 불가사의. 에돔족과 나바테아족의 본고장

1.
아브라함의 후예, 에서의 후예

한때 페트라를 차지하고 살았던 에돔족은 어떤 민족인가?

에돔족은 성경에서 에서의 후손들을 말한다. 에서는 이삭의 두 아들 중 큰아들이다. 그의 동생은 한날 태어난 쌍둥이 야곱이다. '에서'라는 이름의 뜻은 붉고 전신이 털옷 같다는 의미이다(창 25:25). 에돔은 에서의 별명이었다. 사냥을 좋아했던 에서가 어느 날 집에 돌아왔는데 너무 배가 고파 야곱이 만든 붉은 팥죽에 장자의 명분을 판 데서 비롯되었다(창 25:30-34). 에돔족이 페트라에 정착하기 전에는 호리족이 살았다.

에서는 생김새부터가 남성답고 온몸에는 털이 많이 나고 사냥을 좋아했다. 보통 아버지들은 큰 자식을 사랑하고 어머니들은 모성애 때문인지 가장 어리고 그리하여 어머니의 보호가 더 필요한 막내를 사랑하는 경향이 있다. 에서 또한 야곱을 편애했던 어머니 리브가가 야곱을 도와 장자의 축복을 가로채도록 도움으로 인생의 비운을 맛보게 된다. 장자의 명분을 팥죽 한 그릇에 팔아넘기고 축복을 빼앗긴 에서는 부모와 함께 살던 이스라엘의 헤브론을 떠나 자신의 무리를 끌고 이곳 세일 산(지금의 페트라)에 와 호리족을 몰아내고 에돔 왕국을 세웠다.

페트라는 바위 색깔이 대체적으로 붉어 일명 붉은 장밋빛 도시라고도 불린다. 이렇게 바위 색깔이 붉은 사암으로 이루어진 페트라 그리고 바위들로 이루어진 산악지대, 그래서 야생 동물들도 많아 사냥하기에 적합한 이곳에 붉은 에서가 와서 사냥을 하며 산 것은 운명 같다.

2.
에돔족이 페트라에 정착한 시기

에서는 헤브론을 떠나 페트라 주변에 와서 살기 시작했다. 그 시기는 BC 1800년경으로 추정한다.

쌍둥이 중에 큰아들로 태어난 에서는 아버지 이삭과 리브가와 함께 지금의 이스라엘 헤브론 지역에 살았었다. 그는 태어날 때부터 남성적으로 생겼고 털도 많고 피부도 불그죽죽했다. 그래서 그런지 그는 사냥을 좋아했다. 물론 헤브론 지역에서도 사냥을 했겠지만 이곳 페트라 지역에 사냥을 하기 위해 오고 가고 하였다.

그런데 아버지 이삭이 죽기 전 동생 야곱에게 장자권을 빼앗긴 후 아버지 이삭이 죽자 그는 아예 그의 거처를 이곳으로 옮겨 왔다. 그리고 이곳에서 결혼도 하고 족속을 이루기 시작했는데, 에서의 후손이라고 해서 에돔족이라 불리기 시작했다.

3.
에돔족이 차지했던 영토

에돔족이 차지했던 땅은 세렛 강(현재 와디 알하사)으로부터 아래 남쪽 아카바 항까지 남북으로 160km 정도이다. 동서로는 동쪽의 에돔 광야에서 서쪽의 아라바 광야까지 64km 정도를 차지했다. 동서남북의 중앙에 에돔 왕국을 이루었던 수도 셀라(지금의 페트라)가, 페트라의 북쪽에 보스라와 부논이, 남부 지역에 아카바 만과 아라바 광야가 있다.

구약성경 시대의 요르단은 크게 네 지역으로 최북단의 길르앗 산지, 암몬 땅, 모압 땅, 에돔 땅으로 나누어졌다. 네 지역을 나누는 기준은 바로 강이었다.

시리아와 요르단 국경 지대, 북쪽에 있는 야르묵 강과 옛 얍복 강 사이에 있는 지역은 길르앗 땅이다. 길르앗 남쪽에 인접한 얍복 강에서 아르논 강까지는 옛 암몬족의 땅으로 후에 모세가 르우벤과 갓 지파에게 주었던 지역이다. 아르논 강에서 세렛 강까지는 모압족의 땅이다. 세렛 강 이남의 페트라와 아카바 항구까지의 지역은 에돔족의 땅이다. 이렇듯 강을 경계로 한 옛 민족 간의 국경은 성경에서 보듯이 끊임없는 전쟁을 통해 수시로 변경되어 왔다.

4.
에돔족의 통치체제

에돔의 왕들

창세기 36장(창 36:43; 대상 1:43-54)에는 에돔을 다스리던 왕에 대해 소개하고 있다. 이스라엘에 아직 왕정체제가 갖추어지기 전인 주전 11세기 말에서 주전 10세기 전반까지를 의미한다. 그러나 성경 이외의 다른 어떤 곳에서도 에돔족이 왕정체제를 갖추었다는 자료는 찾아볼 수 없다.

창세기 36장에 왕들의 이름이 언급되어 있긴 하지만 이들이 지금처럼 왕직을 아들에게 세습하는 왕정이 아니고 통치하는 지역마다 왕들의 이름이 언급되어 있는 점을 볼 때 중앙통치체제의 왕이 아니고 지역을 다스리는 통치자들의 이름인 것을 알 수 있다. 바트레트(Bartlett)의 의견은 창세기 36장에 언급된 왕들의 이름은 이 지역들에서 통치하던 다윗 왕조체제의 전조였다는 것이다.

5.
에돔족과 이스라엘의 관계

에돔족과 출애굽 당시 이스라엘 백성들과의 관계는?

에돔족은 출애굽한 이스라엘 백성들의 통과를 왜 거절했을까?

성경에는(민 20:14-21) 모세가 가데스에 머물면서 에돔 왕에게 사자를 보내 왕의 대로로만 통과할 테니 이스라엘 백성들을 지나가게 해달라고 요청을 한 내용이 나온다. 그런데 에돔 왕은 생각해 볼 여지도 없이 거절했을 뿐만 아니라 많은 백성을 거느리고 나와 강한 손으로 막았다.

모세가 에돔 땅을 통과하기 원했던 것은 에돔 땅, 지금의 페트라 지역은 왕의 대로상에 위치해 있어 이스라엘 땅으로 들어가는 지름길이었기 때문이다. 게다가 페트라 지역은 주변 사막과는 달리 물이 풍부한 샘들이 있어 그야말로 사막의 오아시스였다. 이 왕의 대로상에 위치한 에돔 왕국을 통과하려면 반드시 그 길을 장악하고 있는 족속의 허락을 받아야만 했다. 그렇지 않고 막무가내로 통과하려 했다가는 전쟁이 불가피한 것이다.

모세는 민수기 20장 14절에서 당신의 형제 이스라엘이니 통과를 허락해 달라고 정중히 부탁하였다. 그럼에도 불구하고 에돔 왕은 단칼에 그 요청을 거절하였다. 지금 출애굽하여 광야에서 고생하고 있는 이스라엘 백성들은 힘든 상황에 처해 있다. 에돔 왕도 그런 것쯤은 잘 알고 있었을 것이다. 그런데도 딱 잘라 거절했다.

왜 그랬을까? 에돔 왕은 인정머리라고는 전혀 없는 무정한 인간이었기 때문이었을까? 사막 지역에 사는 유목민들이 원래 손님 접대를 잘 하는 것으로 유명하지 않은가? 그런데 접대는커녕 칼로 막고 강한 손으로 막았을 때는 그만한 이유가 있었을 것이다.

지금 에돔족을 이루어 살고 있는 사람들은 에서의 후손들이다. 지금 출애굽하여 가나안 땅에 들어가고자 광야를 통과하고 있는 사람들은 야곱의 후손들이다. 야곱이 자기들의 조상 에서에게서 장자권을 빼앗았기 때문에 자신들이 장자로서의 축복을 빼앗기고 예루살렘을 떠나 이런 깊은 골짜기에서 사냥을 하며 살 수밖에 없었던 것에 대해 이들은 자손대대로 귀가 따갑도록 들어왔을 것이다. 결과적으로 야곱에 대한 미움과 증오심으로 이들의 역사는 이루어졌을 것이다. 그런 야곱의 후예들이 지금 자기들의 땅을 통과하겠다고 하니 곱게 보였을 리가 없다.

창세기 33장 4절을 설교할 때, 통상적으로 에서가 야곱을 용서했다고 한다. 왜냐하면 400인을 데리고 왔던 에서가 야곱을 죽이러 오는 줄 알았는데 야곱을 반갑게 맞으며 부둥켜안고 슬피 울었기 때문이다. 성경에는 에서가 왜 400명을 거느리고 왔는지 정확하게 설명되어 있지 않다. 야곱이 형 에서의 반응을 살피기 위해 사자들을 보냈을 때 그들이 보고한 바에 의하면 형 에서가 400인을 거느리고 주인을 만나려고 오고 있다고 했다(창 32:6).

이 표현에 의하면 에서가 야곱을 공격하려고 하는 전투 태세는 아님이 분명한 것 같다. 만약에 야곱을 공격하려고 했다면 분명 무장을 한 군인들 모습이었을 것이고, 사자들에 의해 정황이 파악되었을 것이다.

과연 에서는 20년이라는 세월이 흐르자 자기의 장자권과 축복을 빼앗아 간 야곱의 잘못을 잊었단 말인가? 아버지 이삭의 장례를 치르고 나면 야곱을 죽여 버리겠다고 씩씩거렸던 그 미움과 증오심과 분노가 세월의 흐름 속에 녹아 없어져 야곱을 진정으로 용서했단 말인가? 그래도 동생이니까 반갑게 맞으러 나왔을까?

성경에는 정확한 표현이 나오지 않는다. 단순히 부둥켜안고 서로 울었다는 구절뿐이어서 100퍼센트 용서와 화해가 이루어졌는지는 명확하지가 않다. 하지만 그것은 그저 두 형제의 회한을 푸는 정도가 아니었는지, 출애굽 여정 속에 에서의 후손 에돔 족속이 야곱의 후예들의 통과를 거절했던 것을 보면 짐작할 수 있다. 완전한 용서와 화해가 이루어지지 않았다는 증거이다.

이집트에서 400여 년간 종살이를 하다가 출애굽하고자 했던 사람들은 바로 에서의 장자권을 빼앗았던 야곱의 후손들이었다. 성경은 왜 에돔족이 자기 영토를 지나가기를 원했던 이스라엘 백성들의 통행을 거절했는지에 대한 이유는 언급하고 있지 않다. 아마도 에돔족의 조상 에서가 야곱에게 장자권을 빼앗겨 아브라함과 이삭의 정통을 잇지 못한 것에 대한 한이 맺혀 있을 뿐만 아니라 그로 인한 증오심의 깊은 골이 파여 400여 년이란 세월이 흐른 뒤 후손들에게도 그 감정이 전해 내려왔기 때문일 것이다.

그렇다면 요르단 페트라 남부 지역의 사막에서 광야생활을 하던 이스라엘 백성들은 에돔족에게 거절당했을 때 심정이 어떠했겠는가? 페트라만 통과하면 바로 아라바 광야를 통해 이스라엘 즉 가나안 땅으로 입성할 수 있는데 에돔족의 비협조로 우회해야 했을 때 이들 또한 미움과 증오심으로 자손대대로 그 한을 물려주었을 것이다.

그래서 드디어 가나안 땅에 입성한 후에 그리고 그곳에 그들의 나라를 세운 후에 에돔족에 대한 끝없는 정복전쟁과 적대 행위가 이어졌다. 그래도 출애굽 당시에는 에돔족과 전쟁을 하지는 않았다. 왜냐하면 하나님께서 싸우지 말라고 당부하셨기 때문이다.

"그들과 다투지 말라 그들의 땅은 한 발자국도 너희에게 주지 아니하리니 이는 내가 세일 산을 에서에게 기업으로 주었음이라" 신 2:5.

가나안 입성 후부터 다윗과 솔로몬 왕 당시의 이스라엘과 에돔족의 관계

이스라엘이 천신만고 끝에 가나안 땅에 입성하고 정착한 후에 사울 왕 때는 에돔 사람과 싸워 이겼고(삼상 14:47), 에돔 사람 중에는 그를 섬긴 자들도 있었다고 기록한다(삼상 21:7, 22:9, 18). 다윗 왕이 통일왕국을 건설했을 때는 에돔족을 정벌하여 그 족속 3분의 2에 해당되는 1만 8천 명을 죽이고 나머지는 노예로 삼았다.

또한 다윗이 에돔에 있을 때 군대장관 요압이 가서 죽은 자들을 장사하고 에돔 남자를 다 쳐서 죽였는데 에돔의 몇몇 신복들이 에돔의 어린 왕자 하닷을 데리고 애굽으로 도망하여 에돔의 명맥을 간신히 유지하게 되었다(왕상 11:14-22). 그리하여 솔로몬이 왕이 되었을 때 하닷은 솔로몬을 대적하였다. 솔로몬 왕은 파이난이나 에시온게벨에 매장된 풍부한 구리를 채광 및 제련하여 부를 이루는데, 바로 이곳에 살고 있는 에돔족을 강제 노동에 동원하였다.

이렇듯 출애굽하여 광야생활 당시 에돔족이 영토 통과를 거절했기 때문에 40년 동안이나 광야에서 힘든 생활을 했던 이스라엘 백성들은 그 쓰라린 아픔과 거절감을 잊지 않고 자손대대로 그 미움과 증오심이 전수되어 역시 400년이란 세월이 더 흐를 때까지 그 미움의 복수가 계속되었던 것이다.

솔로몬 이후 이스라엘과 에돔족의 관계

솔로몬이 죽은 후에는 여호사밧(BC 870-848) 때, 에돔의 하닷을 중심으로 에돔 사람들은 독립하려고 암몬과 모압과 동맹하여 남 유다를 공격하기도 했지만 되레 동맹군에게 멸망당했다(대하 20:22-23). 그러나 한때 유다가 모압을 공격하고자 했을 때 유다의 동맹에 가담하기도 했다(왕하 3:4-27).

이스라엘과 에돔의 적대관계는 계속되어 아마샤 왕(BC 796-767) 때 에돔족이 남부를 침공하자 반란군 만 명을 죽이고 그것도 부족해 셀라까지 진격하여 또 만 명을 잡아다 페트라 바위 꼭대기에서 떨어뜨려 그 몸을 부서뜨렸다.

> "아마샤가 소금 골짜기에서 에돔 사람 만 명을 죽이고 또 전쟁을 하여 셀라를 취하고 이름을 욕드엘이라 하였더니 오늘까지 그러하니라" 왕하 14:7; 대하 25:11-12.

> "아마샤가 에돔 사람을 죽이고 돌아올 때에 세일 자손의 신들을 가져와서 자기의 신으로 세우고 그것들 앞에 경배하며 분향한지라" 대하 25:14.

이렇게 이스라엘 백성과 에돔족의 적대관계가 계속되었기에, 바벨론 제국의 느부갓네살이 BC 587년에 예루살렘 성을 함락시키자 에돔족은 너무 기뻐하였고, 예루살렘 성의 기초까지도 파괴하라고 노래하였다고 한다(시 137:7; 애 4:21-22; 옵 1:10-16). 이런 에돔 자신들도 BC 732년 앗수르의 속국이 되었고, BC 604년에는 바벨론의 속국이 되었다. 속국이 되어 지배국에게 엄청난 양의 공물을 바치다 보니 국력도 급격히 약화되었다. 그리고 더 살기 나은 곳을 향해 지금의 이스라엘 남부 이두매 지역으로 점차 이동하기 시작하여 헤브론을 중심으로 이두매 왕국을 세웠다.

이렇게 에돔족이 자리 잡고 있던 셀라 지역이 빈 상황을 틈타 BC 6세기경 아라비아 지역에서 양을 치며 무역을 하던 나바테아족이 점차 북상하여 에돔족이 살던 땅에 정착하기 시작하였고, 남아 있던 에돔족은 나바테아족에 흡수되었다.

6.
페트라 주변의 광야 생활 38년

출애굽은 이미 하나님의 구속 역사의 흐름 속에 준비되어 있었다.

"여호와께서 이르시되 내가 애굽에 있는 내 백성의 고통을 분명히 보고 그들의 감독자로 말미암아 부르짖음을 듣고 그 근심을 알고, 내가 내려가서 그들을 애굽인의 손에서 건져내고 그들을 그 땅에서 인도하여 아름답고 광대한 땅 젖과 꿀이 흐르는 땅 곧 가나안 족속, 헷 족속, 아모리 족속, 브리스 족속, 히위 족속, 여부스 족속의 지방에 데려가려 하노라" 출 3:7-8.

∴ 광야 생활

∴ 놋뱀

이스라엘 백성들이 장장 40년이라는 긴 세월을 광야에서 보낼 수밖에 없었던 근본적인 이유는 하나님에 대한 불신 때문이라고 성경은 말하고 있다. 이들은 조금이라도 빨리 가나안 땅에 들어가기 위해 페트라를 차지하고 있던 에돔 왕에게 통과를 요청하였지만 거절당했다. 그래서 어쩔 수 없이 광야에서 눈물을 머금고 이를 악물고 지내야만 했다. 성질 같아서는 가서 무력으로 통과할 수 있을 것 같았지만 하나님께서는 싸우지 말라고 당부하셨다(신 2:5).

이곳에서 광야 생활을 하면서 이스라엘 백성들은 입만 열면 불평을 하였다. 길이 안 좋다고 불평하여 놋뱀을 보냈던 사건이 바로 페트라 주변의 광야에서 일어났다. 이곳 현지 요르단에서 살다 보니 특히 한여름에 사막을 지나가다 보면 불평만 일삼던 이스라엘 백성들의 심정을 잘 이해할 수 있을 것만 같다. 불평을 안 하는 것이 오히려 비정상인 것 같다.

그럼에도 불구하고 하나님은 어떤 상황에서도 불평하기를 원치 않으

심을 알 수 있다. 환경적으로 너무 힘들어 불평하면 그래 너무 힘들지 하고 위로해주셔도 될 법했는데 불뱀을 보내 다 물려죽게 하신 것을 보면 아무리 어려운 상황도 불평을 하는 변명거리가 될 수 없음을 깨닫는다.

사막에서의 생활이 고통스럽고 불편하기 짝이 없지만 그 가운데서 하나님의 크신 뜻을 새기며 참고 견딘다면 그만큼 성숙해질 수 있을 것이다. 비록 상황은 다르지만 원리는 같다. 감사만이 살 길이다.

III. 페트라를 차지했던 또다른 주인공, 나바테아족, 그들은 누구인가?

Ⅲ. 페트라를 차지했던 또다른 주인공, 나바테아족, 그들은 누구인가?

1. 나바테아족 역사

나바테아족은 500-600년이라는 긴 역사를 가지고 있고 그 동안에 큰 제국을 이루었음에도 불구하고 그들의 역사는 안개 속에 가려진 것처럼 모호하기만 하다. 그 이유는 그들이 남긴 기록 자료들이 거의 없기 때문이다. 나바테아족의 첫 번째 역사 기록은 온 BC 312년부터 시작된다. BC 312년 알렉산더 대왕의 한 장관인 안티고누스(Antigonus)가 나바테아족을 공격했다고 기록되었다. 이 기록은 시칠리아 출신의 역사가인 디오도루스 시큐루스(Diodorus Siculus)에 의해 쓰여졌다.

나바테아족은 에돔족이 살던 곳을 차지한 족속이다. 나바테아족에 대해 꼭 알아야 할 이유는 활동하던 시기가 성경의 구약에서 신약으로 옮겨가는 중간기이며, 이 시기가 바로 사도 바울이 부활하신 예수님을 구주로 영접하고 왕성히 활동하던 때여서 역사를 이해하는 데 도움이 되기 때문이다.

나바테아족 왕의 계보

아레타스 1세(Aretas I)	BC 168년
라벨 1세(Rabbel I)	BC 2세기 후반
아레타스 2세(Aretas II)	BC 103–96년
오보다스 1세(Obodas I)	BC 95–86년
아레타스 3세(Aretas III)	BC 86–62년
오보다스 2세(Obodas II)	BC 62–59년
말리쿠스 1세(Malichus I)	BC 59–30년
오보다스 3세(Obodas III)	BC 30–9년
아레타스 4세(Aretas IV)	BC 9–AD 40년
말리쿠스 2세(Malichus II)	AD 40–70년
라벨 2세(Rabbel II)	AD 70–106년

2.
나바테아족 영토

나바테아족이 살았던 영역은 과거 에돔족의 영토였던 세렛 강 이남에서부터 페트라와 아카바 항구까지였다. 또한 아라바 광야 동편 에돔 지역과 세일 산 지역 너머까지였다. 나바테아족이 가장 왕성했던 때는 남쪽은 예멘과 사우디아라비아에서부터, 북쪽으로는 요르단 페트라와 시리아 다마스커스까지 넓은 지역을 차지했다.

당시 나바테아 왕국에서 정치·경제·사회·종교와 문화가 어우러진 종합적 수도 역할을 했던 곳이 페트라였다. 종교적인 역할을 담당한 지역은 키르벳 엔탄누르였다.

3.
나바테아족 기원

나바테아족이 언제 어떻게 에돔족이 살던 페트라 지역을 차지하게 되었는지는 정확한 기록이 남아 있지 않다. 그러나 나바테아족이 에돔 땅을 차지한 시기는 BC 6세기에 바벨론의 느부갓네살이 팔레스타인 지역의 이스라엘과 남유다를 포로로 끌고 간 연대와 비슷하다.

에돔족은 그 이전에 앗시리아에 망해서 뿔뿔이 흩어져 버려 페트라 지역에 빈 공간이 생기자 점차 나바테아족이 이곳을 차지하게 되었을 것이다. 아니면 무역을 통해 부와 권력을 얻게 된 나바테아족이 물이 풍부하여 풍요로운 페트라 지역을 주전 6세기경에 침략하여 차지하게 되었을 수도 있다.

이때 밀려난 에돔족은 지금의 이스라엘 남부 네게브 사막지역으로 이동하였을 것이다.

BC 4세기경에는 나바테아족이 에돔족이 살던 페트라 지역은 물론이요 모압의 영토를 점령하여 요르단의 동부 지역을 차지하고 왕의 대로를 장악하여, 북쪽으로는 시리아 지역까지 영토를 넓혀 나갔다.

나바테아족은 숱한 유목민들 중 한 족속이지만 다른 많은 유목민들은 역사 속에서 이름도 없이 바람처럼 사라진 것에 비해 나바테아족은 한동안 엄청난 번영을 이루었다. 사우디의 마다안 살레헤, 요르단의 페트라와 같은 어마어마한 유적을 남기고 오랜 세월 동안 그 넓은 지역을 통치하였음에도 불구하고 나바테아족의 역사는 희미하기만 하다.

요르단의 페트라와 사우디아라비아의 마다안 살레헤에는 나바테아족들이 남긴 불후의 문화유산이 있지만 안타깝게도 그들의 역사를 시원하게 밝혀 줄 역사적인 문헌이나 비문은 아직까지 발견되지 않았다. 나바테아족의 기록으로 여겨지는 4,000점의 문자가 모아졌지만 이는 단순한 비문들에 불과해 정확한 역사나 기원에 대해서는 알 수가 없어 여러 비문과 성경을 통해 추정할 뿐이다.

나바테아족의 기원에 대해서는 4가지 학설이 있다.

① 아라비아에서 기원　　　② 메소포타미아에서 기원

③ 바레인　　　　　　④ 시리아 서북부

나바테아족의 역사에 대해서는 한 세기를 살았던 역사가 디오도로스(Diodorus)와 스트라보(Strabo) 사이에 약간의 차이가 있다. 디오도로스는 나바테아족을 유목민으로 기술하였고, 스트라보는 페트라를 중심으로 정착한 정착민으로 기술하였다.

성경에서의 출처

나바테아족은 현재 요르단 사람뿐만 아니라 아랍 사람이라고 불리는 사람들의 조상이라고 볼 수 있다. 아랍 사람이나 유대인 모두 다 성경을 거슬러 올라가 보면 아브라함의 자손이다.

아브라함은 하나님의 명령에 순종하여 갈대아 우르에서 떠나 가나안 땅으로 들어갔다. 갈 때 나바테아족의 영역을 통과하였다(창 12:7-9).
하나님은 아브라함과 언약을 세우셨다.

"하늘을 우러러 뭇별을 셀 수 있나 보라 또 그에게 이르시되 네 자손이 이와 같으리라" **창 15:5**.

창세기 16장을 보면 하갈과 이스마엘에 대한 이야기가 나온다.

"하갈이 아브람의 아들을 낳으매 아브람이 하갈의 낳은 그 아들을 이름하여 이스마엘이라 하였더라" **창 16:15**.

이스마엘은 아랍 사람들의 조상으로 여겨진다. 야곱처럼 그 또한 12명의 아들이 있었다. 그렇지만 그들은 한번도 연합을 못하고 각각의 족속으로 발달하였다. 창세기 25장에 이스마엘의 아들들에 대해 언급이 되었지만 그들이 어떻게 살았는지, 어디에서 살았는지 등에 관한 자세한 기록은 없다.

이스마엘의 장자 이름은 느바욧이라고 기록되어 있다(창 25:13). 이 '느바욧'(Nebaioth)에서 나바테아족의 이름이 기원된 것으로 추정할 수 있다. 그래서 일반적으로 나바테아족은 느바욧의 후손들로 여겨지고 있다. 이들은 바로 아랍족의 조상들인 셈이다.

출애굽 당시에는 수많은 잡족과 양과 소와 심히 많은 가축이 이스라엘 백성과 함께하였는데(출 12:38), 여기서 수많은 잡족 중의 하나는 이스마엘의 후손 즉 아랍족도 있었을 것이다.

나바테아의 원조는 시바 왕국이었을까? 시바 여왕의 솔로몬 방문에 대해서는 열왕기상 10장 1-13절(대하 9:1-12)에 나온다.

시바 여왕이 살던 시바 왕국은 지금의 예멘, 마렙이라는 지역이었다. 시바 여왕이 마렙에서 예루살렘까지 어떤 길을 이용해서 왔을까? 시바 왕국은 역사 기록에 분명히 남아 있지만 시바 여왕에 대한 기록은 성경에만 나오고 다른 문헌에는 전혀 없다.

"솔로몬 왕이 왕의 규례대로 스바 여왕에게 물건을 준 것 외에 또 그의 소원대로 구하는 것을 주니 이에 그가 그의 신하들과 함께 본국으로 돌아갔더라"(왕상 10:13)라고 기록되어 있는데, 도대체 시바 여왕이 솔로몬에게 바랐던 것은 무엇이었을까? 무엇이었기에 소원대로 구하는 것을 주었다고 했을까? 그 소원이 무엇이었는지 성경에는 정확히 기록되지 않았다.

전승에 의하면 이때 솔로몬 왕은 시바 여왕에게 솔로몬의 씨를 받게 했다고 한다. 그리고 솔로몬 왕과 시바 여왕 사이에서 태어난 아들은 그 뒤 에티오피아를 다스렸다고 전해 내려오고 있다.

앗시리아 고대 문헌에는 나바테아족에 관한 언급이 있다. 주전 7세기 중반, 앗시리아의 역대기에는 앗수르바니팔 왕이 그의 많은 정복 중에서 나바이티(Nabaiati)를 정복했다고 기록하고 있다. 그런데 이 나바이티족은 아무런 야생동물도 살지 않고 새들조차 없는 사막 외딴곳에서 살았다고 기록되어 있다.

4.
나바테아족 유적

페트라는 에서의 후손 즉 에돔족이 살던 땅이었지만 현재 남아 있는 유적들은 나바테아족이 남긴 것들이다. 페트라에 정교한 유적을 남

수도원

기기 전, 그들은 사우디아라비아의 마다인 살레헤(고대 이름은 헤그라)라는 지역에 페트라 유적과 비슷한 유적을 남겼다.

나바테아족이 그리스 로마 시기를 거치면서 그리고 이스라엘 남부 지역으로 흩어져 살면서 유일신을 받아들이고 예수님을 받아들여 예배를 드렸던 교회 터가 이스라엘 예루살렘 근처에서 발굴되었다 한다.

페트라
요르단의 세계 신 7대 불가사의. 에돔족과 나바테아족의 본고장

5.
나바테아족과 에돔족의 관계

신약성경의 헤롯 대왕 즉 헤롯 왕조는 바로 에돔족의 후손이다. 헤롯의 어머니는 에돔족이 살던 곳을 차지하고 살았던 나바테아족 여인이었다.

에돔족은 남유다가 바벨론에 포로로 잡혀간 이후 유다 왕국의 남부 지역 헤브론 이남 지역으로 이동하여 살면서 이곳이 이두매로 불렸다. 헤롯 왕조는 이두매 지역에 살던 에돔족 헤롯 가문이 세운 왕조이다.

헤롯 대왕이 유대 역사의 전면에 등장할 때 이미 에돔족이 살았던 요르단 페트라의 세일 산에는 아랍계의 나바테아 왕국이 강력한 왕국을 이루어 자리 잡고 있었다. 에돔족 전부가 세일 산을 떠난 것이 아니고, 이주하여 자리를 잡았던 이두매도 지리적으로 동떨어진 곳이 아니어서 이 둘은 인종적으로나 문화적으로 밀접한 교류가 있었을 것이다.

헤롯 대왕의 어머니는 나바테아족 출신의 여인이었고, 헤롯의 아들 헤롯 안디바도 나바테아 왕 아레타스 4세의 딸과 결혼했다. 그러나 그의 이복동생인 빌립의 부인인 헤로디아와 눈이 맞아 그만 이혼해 버리고 말았다. 이로 인해 아레타스 4세는 가문의 수치를 보복하고자 전쟁을 일으켰다. 이 전쟁을 통해 아레타스 4세는 유대의 베뢰아 지역과 헬라의 데카폴리스 지역 그리고 현재의 요르단 지역 대부분을 차지하여 세력을 확장하였다. 뿐만 아니라 그는 네로 치하에서 유대인 반란이 일어났을 때 로마군 편을 들어 유대인 진압에 참여하였다.

에돔족이었던 헤롯 가문은 이두매 지역의 지배 가문이었는데, 하스모네가의 유대 왕 힐카누스 1세가 이곳을 정복하여 에돔족을 모두 유대교로 강제 개종시켰다. 강제로나마 유대교로 개종한 에돔족은 모압족이나 암몬족과는 달리 결국 여호와의 총회에 들어가게 되었다.

반면 나바테아족은 에돔족이 이두매 지역으로 이동하면서 생긴 빈틈을 타 점차 사우디아라비아 북서부에서 페트라 지역으로 옮겨온다. 이들은 양을 치던 베두인들이었고, 또한 척박한 환경에서 무역을 하던 장사꾼들이었다. 사우디 지역에서 향료나 유향, 몰약 등을 내다 팔면서 힘과 부를 이루면서 점차 북상하여 사막의 꽃 오아시스 페트라 지역에서 정착하면서 무역로인 왕의 대로를 차지하여 세력을 더욱더 키워 나갔다. 뿐만 아니라 시리아의 사막의 꽃이자 오아시스인 팔미라 지역에까지 세력을 확장하여 찬란한 문화를 꽃피운 막강한 나라를 건설하였다.

에돔족과 나바테아족은 어떤 관련이 있었을까? 두 민족의 관계는 나바테아족이 남긴 유적에서 잘 알 수 있다.

한 가지 놀랍기만 한 사실은 사막에서 양이나 치며 살던 베두인이었던 나바테아인들이 어떻게 지금까지 페트라에 남아 있는 알 카즈나 신전 같은 놀라운 건축물을 조각하고, 페트라 주변에 고도의 도시문명을 세우게 되었을까 하는 것이다. 역사가 디오도루스는 나바테아족을 양을 치는 유목민으로 기록하였고, 스트라보는 그들이 콩이나 포도나무와 같은 과일 나무를 심을 줄도 집을 짓는 법도 몰랐다고 기록하였다.

페트라 지역은 원래 에서의 후손들인 에돔족들이 살던 곳이었다. 그러나 에돔족이 바벨론 포로로 끌려가거나 이주 정책으로 옮겨가 공백 기간이 생긴 틈을 타 나바테아족이 이 지역을 차지하게 되었다. 그러나 자신들의 본고장을 떠나지 않은 에돔족과 같이 살면서 그들과 교혼도 이루어지고 떠돌던 생활이 점차 정착하는 삶으로 변화되었을 것이다.

페트라 지역에 정착하면서 물을 보관하는 댐을 만들고 수로를 만들어 농사를 짓기 시작하고, 바위를 깎아 무덤도 만들고 신전도 조각했을 것이다. 이렇게 된 데는 기존 정착민 에돔족의 영향이 컸을 것으로 추정한다.

또한 나바테아족은 왕의 대로상에 위치한 페트라의 지리적 이점을 이용하여 남쪽의 사우디아라비아나 이집트에서, 북쪽의 시리아나 팔레스타인으로 오고가는 무역상이나 통행인들에게 숙박 시설을 제공하고, 높은 통행세를 받아 엄청난 부를 축적하여 세력을 확장하게 되었다. 그래서 지금 봐도 훌륭한 알 카즈나 신전 같은 놀라운 그레코로마 양식의 신전을 건설하고 고도의 도시문명을 이룰 수 있었을 것이다.

나바테아족이 페트라에 정착하는 데 기여한 중요한 것이 또한 물이었다. 페트라 지역은 예나 지금이나 사막의 오아시스다. 물이 없었더라면 에돔족이나 나바테아족의 정착이 불가능하였다. 남부의 사우디아라비아에서 페트라까지 거의 사막이지만 페트라 지역에 오면 갑자기 풀도 많고 나무들도 울창한 오아시스가 나타난다. 바로 물이 있기 때문이다. 지금도 페트라 입구의 모세의 샘 말고도 주변에는 많은 지하수들이 흘러나오고 있다.

6.
나바테아족과 헤롯 가문의 관계

헤롯 대왕의 어머니는 나바테아족 여인이었을 것이라는 설이 있다. 그리고 헤롯 안디바의 부인은 나바테아 왕국의 공주였다. 이미 결혼을 한 상태였지만 헤롯 안디바는 자기의 이복동생인 빌립의 부인 헤로디아와 불륜에 빠져 첫 번째 부인과는 이혼을 하게 된다. 지금도 아랍 사회에서는 여자가 이혼하는 것은 가문의 수치로 생각하여 괴로워도 참고 사는 경향이 많다. 그런데 그 당시에는 말할 것도 없었다. 그래서 아레타스 왕은 수치에 대한 보복으로 전쟁을 일으킨다.

이렇듯 헤롯 왕가와 나바테아족과는 결혼 관계로 엮여 있고 서민들도 많은 통혼이 이루어졌을 것으로 추측한다.

7.
나바테아족 종교

나바테아족은 에돔족에게 농사나 문명뿐만 아니라 종교에서도 그 영향을 받은 것 같다. 나바테아족이 믿었던 신의 이름은 남자 신은 두샤라이고 여자 신은 알우짜였다. 두샤라를 분석하면, '두 에쉬 쉐라'(Dhu-

알우짜여신(페트라 박물관에서)

esh-Shera)인데, '쉐라'는 에돔족의 고향인 옛 세일 산을 의미하고, '두'는 유대인이 믿는 하나님을 간접적으로 지칭하는 수사이다.

나바테아족은 에돔족이 믿던 유일신을 수용하여 그들의 주신으로 모셨다. 이것은 나바테아족이 페트라를 중심으로 왕국을 이루어 나갈 때 지배계층이었을 에돔족의 영향을 받았다는 것을 의미한다.

그런 반면 여신이었던 알우짜는 아라비아 지방의 알랏(Allat) 신을 차용했다는 설도 있다. 주신은 지배계급이자 원주민인 에돔족의 신을 섬겼지만 여신만큼은 일반 백성들이 아라비아 지방에서부터 믿었던 그대로이다. 알우짜는 사막에서 물을 공급해 주고 전쟁이 나면 부족을 보호해 준다고 믿는 여신이었다.

결론적으로 페트라 지역을 거점으로 살았던 기존 에돔족과 후에 이곳으로 이주해 온 나바테아족은 상호 통혼을 통해 함께 어우러져 살면

Ⅲ. 페트라를 차지했던 또다른 주인공, 나바테아족, 그들은 누구인가?

서 양을 치던 베두인들이 에돔족의 농경문화와 종교 등을 수용, 발전시켜 나바테아 왕국을 이루었다. 후에는 시리아의 다마스커스는 물론이요 팔미라까지 진출하는 왕국을 이루어 지금의 아랍 민족의 원조가 되었으며, 아랍 문화에도 기여를 한 셈이었다.

8.
나바테아족의 무역로와 무역 상품들

나바테아족은 사막에서 양을 치며 이동하면서 살던 베두인이었지만 무역에도 뛰어났다. 이들은 인도양을 통해 들어온 물건과 내륙 지역에서 나는 산물을 싣고 지금의 사우디나 예멘 지역에 와서 물건을 교환하거나 지중해 국가들에 팔기도 했다.

나바테아인들의 육지 무역로는 홍해와 인도양에서부터 지중해 연안 국가들과 이집트를 연결한다. 무역을 통해 쌓은 부가 있었기에 현재 사우디아라비아에 있는 마다안 살레헤 지역의 유적과 요르단의 페트라에 고도의 문명을 건설할 여유가 있었을 것이다.

그렇다면 나바테아인들은 무엇을 주로 무역하였을까?

나바테아인들은 유황이나 몰약 그리고 향료를 팔았다. 향료를 싣고 다니던 길이라서 향료길(Incense Road)까지 생겨났다.

우리는 매일같이 길을 이용한다. 길을 걷고 길을 달리며 길을 통해 물건을 운반하고 목적지까지 이동한다. 인류의 역사는 길과 함께 시작되었다. 인류 문명이 길을 통해 교류되었고, 길은 전쟁의 핵심적인 역할을 할 때가 많았다. 제갈공명은 남이 전혀 가보지 않고 모르는 길을 찾아내 전쟁 지략을 세웠으며 한니발이나 나폴레옹, 히틀러에게도 길을 통한 기동성이 승전의 밑받침이 되었다.

로마 사람들은 가는 곳마다 먼저 길을 만들어 "모든 길은 로마로 통한다"는 말까지 나왔다. 과거 중동에도 누가 무역로를 장악하느냐에 따라 부와 권력을 차지할 수 있었기에 무역로 확보에 혈안이 되었다.

로마의 역사가 헤로도토스의 기록에 의하면, 기원전 3,000년경에 페르시아 사람들이 페르시아 만과 지중해 사이에 2,400km의 페르시아 왕도를 건설해 메소포타미아 문명과 이집트 문명 사이를 오가는 무역로로 썼다고 한다. 이 왕도 건설로 당시 3개월 걸리던 길이 9일로 단축되었다고 한다.

예수님은 "내가 곧 길이요 진리요 생명이라"(요 14:6) 말씀하셨다. 이때 말하는 길은 사람들이 다니는 길을 의미하는 것이 아니고 인생의 방향을 의미한다. 이렇듯 길은 우리에게 없어서는 안 되는 꼭 필요한 것이었다. 고대 이 지역에서 왕래하던 길들에는 향료길, 왕의 대로, 해안길, 비단길 등이 있었다.

9.
향료길(Incense Road)

페트라는 향료길과 왕의 대로가 관통하는 무역의 중심지였다. 향료길이라 불렸던 이유는 이 길을 통해 향이나 향신료, 몰약과 유황 등을 실어 날랐기 때문이다. 고대에 이미 우리가 잘 아는 실크로드(비단길) 훨씬 이전부터 동서를 연결했던 무역로였던 향로길이 존재했다. 기원전 10세기 이전부터 시작되었던 이 향료길은 아라비아, 이집트, 지중해, 인도에 걸쳐 향을 연결해 주었던 무역로였다.

∴ 요르단 향수가게

향료길이라는 이름이 생길 정도로 향은 인류 역사에서 매우 중요한 물건이었다. 인류의 역사는 향에서부터 시작되었고, 향의 역사라고 말할 수 있을 정도로 인간의 삶에 반드시 필요했던 재료였다. 제사를 지낼 때 향을 피웠고, 의학적 치료의 수단으로도 사용했으며, 신분의 고귀함을 나타내는 상징으로 사용되어 온 향은 오늘날까지도 여전히 중요하게 사용되고 있다.

중동에서는 아직도 향수가 일상생활에서 없어서는 안 되는 필수품으로 사용되고 있다. 요리를 할 때도 꼭 향신료를 사용한다. 집안에서도 향을 피움으로써 좋은 냄새를 풍기기도 하고 악귀를 내쫓는다고도 생각한다.

유향은 당시 지중해 지역에서 제사를 지낼 때 반드시 필요한 물건이었다. 유향에는 남유향, 여유향이 있는데 남신을 부를 때는 여유향을 피우고, 여신을 부를 때는 남유향을 피우도록 되어 있어서 유향이 없이는 제사를 지내는 것이 불가능했다. 고대는 제정일치 시대라 제사를 지낼 수 없다는 것은 정치가 불가능하다는 것을 의미했다. 그토록 귀한 유향은 금처럼 무게를 달아 금과 같은 값으로 거래되었다.

유향은 유향나무의 줄기에 흠집을 내어 거기서 흘러나오는 수액을 고형화한 송진과 같은 것이다. 아라비아 상인들은 고객이었던 유럽, 지중해 지역의 사람들에게 어떻게 해서 채취되는가를 비밀에 붙였고 원산지 또한 명확히 하지 않았다. 유향을 채취하는 것이 얼마나 어려운가를 강조하여 그 단가와 가치를 높여 막대한 이윤을 취하고자 하였다.

∴ 향을 피우는 도구

∴ 향품들

유향이 어디서 어떻게 채취되는지 미스터리에 묻혀 지중해 지역에서는 다음과 같은 전설이 등장하기도 하였다.

"유향나무는 날개를 가진 푸른 뱀들이 지키고 있기 때문에 보통 사람들은 가까이 갈 수 없다. 이것을 채취하기 위해서는 수소의 가죽을 쓴 남자가 여러 가지 기술을 구사해야만 채취할 수 있다."

이것은 기원전 5세기, 그리스의 역사가 헤로도토스가 기술한 내용으로, 아라비아 상인은 이러한 전설을 엮어 내어 유향의 부가가치를 하늘 높이 올려서 부자가 되었다. 장사에 있어 귀재들이었다.

도대체 향이 무엇이기에 인류는 향에 목숨을 걸었을까?

향료길은 아직도 향나무가 있는 오만 그리고 예멘에서 시작하여 사우디아라비아를 거쳐 요르단, 이스라엘과 지중해를 넘어 유럽 로마에 이르는 인류 최초의 무역로 중의 하나였다. 그 길이는 장장 3,500km에 달한다. 요즘같이 비행기나 차가 있어도 무역은 힘이 드는 일인데, 그 당시 낙타나 말을 타고 무거운 짐을 싣고 태양이 작열하는 중동의 사막을 가로질러 오고 간다는 것은 생명을 건 대단한 모험이었다.

시간이 흐르면서 이 무역로를 차지하기 위한 목숨을 건 투쟁은 계속되었다. 누가 이 무역로를 장악하느냐에 따라 돈과 권력을 얻을 수 있었기 때문이었다.

인류의 역사는 향과 함께 시작되었다고 말할 정도로 인류가 향에 매혹되었던 이유는 향이 인간의 다양한 근원적 욕망을 충족시켜 줄 수 있는 중요한 도구였기 때문이다. 아래와 같은 이유들 때문에 향이 없는 삶은 상상조차 할 수가 없었다.

첫째, 제사를 지낼 때 향이 반드시 필요했다. 제사를 지낼 때 향을 태웠는데, 이때 나오는 향기로운 연기가 신의 세계로 인도해 준다고 믿었다. 중동, 그리스와 로마, 인도 그리고 심지어 한반도에서도 옛 선조들은 제사를 지낼 때 향을 피웠다.

뿐만 아니라 영생불멸을 믿어 사체를 잘 보관하면 언젠가 환생한다고 믿었던 이집트인들은 사체 보존의 한 방편으로 미라를 만들었는데, 이때 미라를 만드는 데 반드시 필요한 재료가 몰약과 유향이었다.

둘째, 인류는 향을 질병 치료제 즉 의약품으로 사용했다. 약이 없었던 시절 인간은 병이 나면 그대로 죽을 수밖에 없었는데 향은 두통, 소화불량, 염증 등을 치료하는 데 사용되었다. 질병 치료를 통해 죽음의

향나무가 자라는 예멘

두려움에서 해방될 수 있었다.

셋째, 향은 아름다워지고자 하는 여자들의 욕망을 충족시켜 주기에 충분했다. 지금도 여자들이 화장품을 바르고 향수를 뿌리는 이유와 같은 이치이다. 클레오파트라를 클레오파트라 되게 아름답게 만들었던 것이 바로 향료였다. 아름다워지고 싶은 인간의 끊임없는 욕망을 실현하게 만들어 줬던 향을 지금까지도 사용하고 있다.

넷째, 지금도 아랍 사람들은 요리를 할 때 음식에 향신료를 넣어 맛을 내고 있다. 우리는 이 향신료가 들어간 음식이 입에 맞지 않는다. 하지만 수천 년 동안 향신료를 넣어 음식을 먹은 아랍 사람들에게는 향신료 없는 음식이란 생각할 수도 없다. 커피를 갈 때에도 향신료를 넣어 함께 갈아 커피와 향신료 맛을 함께 즐기고 있다.

다섯째, 향은 최상의 가치인, 인간이 죽었을 때 죽음을 애도하며 시신에 넣는 용도로 사용되었다.

결론적으로 여러가지로 최고의 가치가 있는 향 무역을 통해 평생을 먹고도 남는 막대한 부를 축적할 수 있었다.

향료 무역의 산물인 아랍 관습

지금도 아랍 사회에서는 해가 지면 중요한 모임이나 활동이 시작된다. 인륜지대사 중의 하나인 결혼식도 해가 지면 행해진다. 주로 밤에 요리를 하고 축제와 잔치를 벌이는 것이 이들의 전통과 관습이다. 밤새 먹고 마시며 춤을 추며 새벽을 보내다 해가 뜨면 활동을 멈추고 고요해지고 오히려 이때 뜨거운 태양을 피해 잠을 자면서 쉰다. 해 뜨는 시간이 하루를 마감하는 시간이다. 새벽보다는 해가 지는 일몰을 하루를 시작하는 기점으로 생각하는 경향이 강하다.

현재 이런 아랍 사람들의 관습은 향료 무역을 하면서 비롯되었다.

태양이 강렬한 사막에서 뜨거운 한낮에 이동을 한다는 것은, 그것도 무거운 짐을 싣고 사막 한가운데를 걷는 것은 자살 행위나 마찬가지였다. 그러니 뜨거운 한낮에는 물이 있는 그늘이나 숙소에서 쉬다가 해가 져 조금이라도 선선해지면 그 때 이동하였다.

밤에 이동하다 보면 지금처럼 길이 포장되어 있지 않고 사막이기 때문에 이들은 밤하늘의 별자리나 달을 보고 방향을 정하여 전진해 나갔다. 별은 이들에게 중요한 길잡이였다. 별자리를 보고 계산을 하여 길을 가기 때문에 조금만 실수해도 모두의 생명이 위험해져 생존에 대한 불안감을 덜기 위해 천문학이 발달하였다. 천문학은 생존의 학문이었다. 천문학이란 영어 단어는 아랍어에서 기원했다.

별을 중시하던 사람들이라 지금도 아랍 국가들 국기에는 별을 그려 넣은 나라들이 많은 요르단, 이라크, 시리아, 이집트 등이다.

도대체 향료를 팔면 얼마만큼의 돈을 벌기에 목숨을 걸면서까지 긴 향료길을 오가며 장사를 했던 것일까?

당시 향은 귀했기 때문에 금처럼 무게를 달아 팔았다. 오히려 향료는 금이나 진주보다 더 귀한 대접을 받았다. 향료 원료의 원가보다 1,000배의 이익을 남겼다는 아랍의 향료 상인들은 이렇게 어마어마한 이익 때문에 머나먼 사막 무역길에 목숨을 걸면서까지 이 장사에 열을 올릴 수밖에 없었다. 향료 무역상은 물론이고 향료를 생산하는 오만이나 예멘, 사우디 등은 풍요로운 나라가 되었고, 향료길이 관통하는 페트라 같은 도시들도 통행세를 받아 부를 축적했다.

10.
솔로몬과 시바 여왕

향 혹은 향품은 기원전 10세기 이전부터 인류 역사에 중요한 부분을 차지하기 때문에 성경에도 역시 향에 대한 유명한 이야기가 기록되어 있다.

예멘

솔로몬과 시바 여왕의 이야기는 실제인가?

기원전 10세기, 솔로몬과 시바 여왕의 운명적인 만남 또한 향과 떼려야 뗄 수 없는 사연이 있다. 시바 여왕은 현재 예멘으로 고대 아라비아 남쪽에 실제로 존재했던 시바 왕국의 왕이었다. 시바 왕국이 있던 곳은 현재 예멘의 마렙이라는 동남부 사막지역이다. 시바 왕국은 국제무역으로 번성과 부를 누리고 있었으며, 에티오피아도 통치하고 있었다.

∴ 시바 여왕의 왕국, 예멘

아랍 사람들은 시바 여왕을 빌키스로 불렀다. 그리스인들은 검은 피부를 가진 미네르바(아테네 여신)라 불렀다. 시바 여왕은 중동 사람답게 피부가 까무잡잡하였을 것이다. 원래 아랍 사람들은 피부가 까무잡잡하다. 현대에 와서 지중해변의 중동국가 사람들의 피부가 조금 하얗게 된 것은 역사의 흐름 속에서 유럽과 전쟁이나 무역, 문화교류를 통해 혼혈이 이루어지면서 그렇다.

시바 왕국은 어디에 있었는가?

시바 여왕의 본국은 어디일까? 시바 여왕은 북아라비아 출신일까? 아니면 남아라비아 출신일까? 아니면 에티오피아 출신일까?

예멘의 룹알할리 사막을 거쳐 시바 왕국의 유적이 발굴되고 있는 사브와 마렙(마리브)의 유적지는 기원전 12세기에 번성했던 최고 수준 문명의 흔적이 남아 있다. 마리브는 솔로몬과 시바 여왕 시대에도 건재했다. 시바 여왕 이전에도 풍부한 농산물을 자랑하는 농업 기반의 대도시였음이 밝혀졌다. 마리브에서는 시바 여왕의 신전이라 여겨지는 유적지인 '마흐람 빌키스'가 발굴되었다.

시바 왕국은 예멘의 내륙부에 기원전 950년부터 기원전 115년까지 존속되었다. 이 시바 왕국이 번성했던 시기는 기원전 10세기부터라고 알려져 있다.

예멘은 어떤 나라인지 잠깐 소개해 보자. 예멘은 아라비아 반도에서 사우디아라비아의 남쪽에 있다. 노아의 세 아들 중에서 큰아들 셈의 후예들이 세운 나라라고 여긴다. 중동 국가에서 농사에 의존한다는 것은 흔한 일이 아닌데 예멘은 대부분의 국민들이 농업에 종사하고 있다. 그리고 과거 향을 생산하는 나라였고 지금도 우리가 일반적으로 부르는 모카 커피의 원산지이다.

모카라는 지역이 예멘에 있다. 까트라는 나무를 재배하고 있는데 예멘 사람들 대부분 환각성이 있는 까트를 씹느라 많은 시간들을 허비하며 지낸다. 까트는 마약은 아니지만 환각성이 있어 이것을 씹고 있는 동안에는 사람들이 일을 하지 않고 몽롱하게 앉아 있다.

∴ 예멘

예멘은 우리나라와 비슷한 공통점이 있는데 나라가 남북으로 분열되어 있었다. 그러나 예멘은 1990년에 통일했다. 그렇지만 그 이후로도 민족 간의 갈등이 심해 내전을 많이 치렀다. 국내에 내전이나 불협화음이 생긴다면 외국인들이 무서워서 들어가지 않고 그래서 발전도 안 되고 가난과 후퇴가 악순환될 수밖에 없다.

더군다나 2010년 12월 튀니지에서 시작된 민주화 사태의 여파로 그동안 장기 독재를 해왔던 압둘라 살레 대통령이 물러나고 새로운 대통령이 나왔다. 그 과정에서 많은 사람들이 피를 흘리고 목숨도 잃고 경제 상황은 더욱 악화되었다. 사우디처럼 강한 이슬람의 전통을 고수하고 있는 나라이다. 2016년 10월인 지금까지도 내전은 계속되고 있어 위험하다.

현재 우리나라 정부에서는 한국 사람들의 예멘 방문을 금지하고 있는 상태이다.

시바 왕국이 번성했던 비결은 무엇이었는가?

그 비결은 바로 모든 무역 상품들을 나르는 무역로, 즉 향로길뿐만 아니라 왕의 대로까지 장악하고 있었기 때문이었다. 이 길들을 통해 낙타를 이용하여 아라비아 남부 즉 예멘이나 오만 등에서 채취한 유향, 중국의 비단, 아프리카의 신비한 새의 날개, 동남아의 향목 등을 아프리카나 지중해 너머 로마제국 등에 수출하면서 번영과 부를 쌓아 힘을 기를 수 있었다. 육로를 통해 난 무역로를 장악했을 뿐만 아니라 몬순 계절풍을 이용하여 바다를 통한 무역로도 이용하였다.

그렇다면 시바 여왕이 솔로몬 왕에게 가져갔다는 향품의 원산지는 어디였을까?

오늘날까지도 아라비아 남단에 위치한 예멘과 오만의 사막지대에는 향 생산지가 있다. 오만의 살랄라 지역과 예멘에 하다라모트 같은 지역에 향나무를 재배하고 있다.

시바 여왕이 솔로몬 왕을 방문한 진짜 이유는?

솔로몬과 시바 여왕 사이에는 도대체 무슨 일이 있었는가?

성경에는 기록되어 있지 않지만 구전이나 역사책에서 우리는 흥미로운 이야기를 접할 수 있다.

여자였지만 시바 왕국의 왕이었던 시바 여왕은 일찌감치 머나먼 예루살렘에 사는 솔로몬 왕의 지혜에 대해 들었다. 성경에는 그의 지혜를 시험하기 위해 예루살렘에 갔다고 기록되어 있지만(대하 9:1-12; 왕상 10:1-

∴ 예멘

13) 그보다는 오히려 향신료, 비단, 낙타, 유황 등의 활발한 무역을 하기 위한 교역로를 확보하려는 경제외교의 행보였을 것이다. 그 당시 이라크 메소포타미아와 이집트를 연결하는 중요한 대상로를 지배하던 솔로몬 왕국과의 외교관계를 확고하게 수립하고 시바 왕국의 주무역로를 확보하여 그에 따른 통상관계의 증진이 주목적이었다.

향료, 유향, 몰약, 낙타, 안장, 배 등의 상품과 관련한 현실적이고 경제적인 목적 때문이었다. 요즘도 국가 원수들이 자국의 무역 증진을 위해 외국 순방길에 오르는 것과 같은 이치이다. 당시 정세에서는 이스라엘과 시바 왕국은 초강국이었다. 두 국가 원수의 회견은 지금으로 말하자면 정상 회담이었다.

솔로몬 왕을 만나기 위해 시바 여왕이 싣고 간 유향과 금과 보석과 수행원들의 낙타 행렬은 얼마나 길었던지 가장 앞에 가는 낙타가 출발한 후 마지막 낙타가 출발하기까지는 장장 3일이나 시간이 걸렸다고 전해진다. 또한 시바 여왕이 가지고 간 금, 은 보석의 양은 역사상 유례가 없는 엄청난 분량이었다고 한다.

시바 여왕이 여러 가지로 솔로몬 왕을 시험하였지만 소문으로 듣는 것보다 더 지혜로워 오히려 소문은 실제보다 절반도 못 된다고 말하고, 솔로몬 궁의 모습을 보고 크게 감동하였다고 성경은 기록하고 있다(왕상 10:5). 멋지고 젊은 솔로몬 왕과의 꿈같은 세월을 보내고 돌아갈 때가 되자 솔로몬은 시바 여왕이 원하는 것이면 무엇이든지 주었다고 성경은 기록하고 있다(왕상 10:13).

과연 시바 여왕은 솔로몬 왕에게 무엇을 원했을까?

시바 여왕이 원하는 것이면 무엇이든지 주었다고 하였는데 그게 무엇이었는지는 성경에 언급이 없다. 구전에 의하면 시바 여왕은 솔로몬과 멋진 하룻밤을 지내게 되었다. 그래서 시바 여왕이 돌아갈 때는 홀몸이 아니었고 뱃속에 아기를 임신한 채였다고 한다.

아무래도 솔로몬의 아기를 잉태하게 되다 보니 필요한 것이 많았을 것 같다. 그래서 시바 여왕이 원했던 것도 있었을 것이고 솔로몬 왕이 자청해서 많은 것들을 바리바리 싸서 보내지 않았을까 추측된다.

시바 여왕은 무척 아름다웠다. 시바 여왕의 아름다움에 반한 솔로몬 왕은 결혼을 요청했지만 거절당했다. 그래서 최소한 하룻밤 동침을 요청했다. 그 또한 거절당하자 솔로몬 왕은 한 가지 제안을 한다. 시바 여왕이 밤을 지낼 때 솔로몬 왕의 물건에 손을 댄다면 하룻밤을 동침하기로 하였다. 물론 시바 여왕은 그럴 일이 없기 때문에 흔쾌히 약속을 하였다.

그러자 솔로몬 왕은 요리사들에게 저녁 식사를 특별히 짜게 요리를 하도록 명령하였다. 짜게 음식을 먹은 시바 여왕은 밤중에 너무 목이 말라 솔로몬 왕의 컵에 물을 따라 마시게 되었다. 솔로몬 왕의 물건에 손을 대게 되어 결국 두 사람은 하룻밤을 지내고 시바 여왕은 솔로몬 왕의 아기를 갖게 되었다는 이야기가 전해 내려온다.

솔로몬 왕이 대제국을 이룰 수 있었던 비결 중의 하나는 많은 나라와의 정략 결혼 때문이었을 것이다. 솔로몬 왕은 지극히 단순히 세력 확장을 위해 여자들을 얻는다고 생각했겠지만 결국은 여자들 때문에 솔로몬 왕국은 멸망의 길을 걷게 되었다. 그들이 가져온 이방신들 때문에 이스라엘이 결국 우상숭배를 하게 되는 엄청난 결과를 초래했기 때문이다. 부귀영화를 구하지 않고 오직 지혜를 구했던 솔로몬 왕이 계속해서 그 순수한 마음을 지켰더라면 이스라엘은 좀더 강성하게 오래가지 않았을까. 그리고 여자 하나쯤이야라고 가볍게 생각했던 그 마음은 안타깝기 짝이 없다. 자고로 여자를 우습게 아는 개인이나 민족은 역사상 잘된 경우가 없는 것 같다. 현재도 여자들을 무시하고 저평가하는 중동 국가들을 아무리 석유가 많아 부유하다 해도 선진국으로 부르지는 않는다.

시바 여왕이 에티오피아를 통치했다는 근거는?

솔로몬 왕과 꿈같은 시간을 보낸 시바 여왕은 임신한 채로 본국 예멘으로 곧장 돌아갈 수 없었을 것이다. 여왕의 신분으로 외국에 경제회담 및 외교를 하러 갔다가 그 나라 왕과의 사이에 아이를 가져 배가 불러 온다는 것은 아무리 고대사회라 할지라도 시바 여왕에게는 마음에 큰 부담이 되었을 것이다.

그래서 처음 예멘에서 이스라엘로 올 때는 향료길을 따라 사우디아라비아를 경유하여 왔었지만 돌아갈 때는 이집트로 가서 그곳에서 배를 타고 남하하여 에티오피아로 갔다.

솔로몬의 정식 부인이 아니기 때문에 태어날 아이는 사생아인 셈인데 그래서 아이의 신변이 위태로울 수도 있었다. 어쩌면 이 아이의 생명 보장을 위해서도 에티오피아 식민지로 발길을 옮겨야 했을 것이다. 에티오피아에서 아이를 낳은 후 시바 여왕은 홍해를 건너 예멘으로 돌아갔다.

시바 여왕은 에티오피아에서 메넬리크 1세를 낳았다. 그리고 솔로몬에게서 받아 온 많은 보물과 보석으로 아들이 에티오피아 왕국을 이룰 수 있는 기반을 갖추어 주었다. 메넬리크 1세부터 시작한 솔로몬 왕가는 장장 3,000년이나 지속되었다. 1974년 하일레셀라시에 왕조가 사라질 때까지 에티오피아를 거의 3000년 가까이 다스렸다. 1974년 하일레셀라시에 황제는 군사 쿠데타로 폐위되었다. 기원전 10세기에 메넬리크가 세운 왕조가 225대에 걸쳐 3,000년간 지속되었다. 세계사에서 한 왕조가 이렇게 오래 지속된 경우는 유일무이하다.

11.
왕의 대로(King's Highway)

'왕의 대로'는 도대체 언제부터 만들어져 생긴 것일까? 왜 왕의 대로라고 불리게 되었을까?

성경에서 '왕의 대로'라는 단어가 처음 언급된 곳은 민수기 20장이다. '왕의 대로'는 구약시대 이래 인류 역사상 가장 오래된 길이다. 모세의 출애굽(기원전 1446년) 당시 성경에 이미 '왕의 대로'라는 이름이 있었다는 것은 그 이전에 이 길이 만들어져 사용되었고 알려졌다는 것을 의미한다.

이집트 12왕조의 바로 세소스트리스 1세가 처음 북방 무역의 길을 열기 위해 가나안 정복에 착수했으며, 신왕국에 들어와서는 투트모스 1세 때부터 적극적인 제국주의 정책을 펴 시리아를 정복하고 유프라테스강까지 진출했다는 기록에 비추어 볼 때, 출애굽 이전인 이집트의 중왕

... 왕의 대로

국이나 신왕국 시대에 이집트가 건설한 것으로 보인다. 이때는 기원전 2천 년경이다.

왕의 대로라고 불리게 된 배경은 창세기 14장의 이야기와 연관이 있을 것으로 추정한다.

아브라함 시대 때, 사해 주변에는 소돔과 고모라를 비롯한 소알, 아드마, 스보임 등 다섯 왕국이 메소포타미아의 엘람, 고임, 시날, 엘라살의 4개 아모리 왕국의 연합군에 의해 싯딤 골짜기 전투에서 패했는데 아브

∴ 왕의 대로

라함이 이들 연합군을 무찔렀다고 성경은 기록하고 있다(창 14:8).

창세기에 언급된 메소포타미아의 4명의 왕 이름은 성경 외에 다른 역사책이나 문서에는 나타나지 않지만, 4명 중의 한 사람인 시날 왕 아므라벨(Amraphel)은 후에 메소포타미아 지역을 통일하여 바벨론 제국을 건설하고 함무라비 법전을 편찬한 함무라비 대제라고 추측하고 있다. 이 당시 왕들이 오고 가던 길이라 해서 왕의 대로라고 불렸을 것이라고 추정한다.

이 길을 따라서 동방박사가 아기 예수님의 탄생을 경배하기 위해 황금과 몰약과 유향을 들고 왔을 것이다(마 2장).

이슬람의 창시자 모하메드가 요르단에 주둔하던 비잔틴 세력과 전쟁을 할 때도 사우디에서 왕의 대로를 따라왔을 것이다. AD 629년 요르단의 카락, 모타라는 지역에서 비잔틴과 이슬람 세력이 전투를 하여 비잔틴 군대가 승리를 거두었다. 이때 이슬람 군대는 바로 사우디아라비아에 거주하는 모하메드의 군대였다. 이때 패한 이슬람 군대는 AD 636년 다시 야르묵 전투에서 비잔틴 군대를 초전박살을 내었다.

야르묵 강은 시리아와 요르단의 자연적인 국경선을 이루는 강으로, AD 636년 5만 명의 비잔틴 군대가 그 반밖에 안 되는 이슬람 군대와 싸워 패함으로써 요르단 및 중동지역에서 기독교 세력은 완전 철수하고 이슬람이 중동을 장악하는 기회가 된 유명한 전쟁이 일어났던 곳이다.
우리에게는 야르묵 강이 생소하게만 들리지만 무슬림들은 최후의 승리를 얻고 이슬람이 중동 전체를 차지하고 이슬람 문명이 자리를 잡게 된 유명한 야르묵 전투를 잘 알고 있다.

그렇다면 왕의 대로는 어디서 어디까지를 말하는가?

왕의 대로는 요르단의 아카바 항구에서 시작하여 요르단의 페트라, 부세이라, 카락, 메드바, 암만, 북쪽의 제라쉬를 거쳐 시리아의 수도 다마스커스와 팔미라를 지나 이라크의 니느웨와 남부 바벨론까지 올라가는

∴ 아카바 항구

구약시대 이후 인류 역사상 가장 오래된 대로이다. 이 왕의 대로를 따라 이집트의 나일 강 문명과 유프라테스 강과 티그리스 강이 흐르는 이라크의 메소포타미아 문명 간의 교류와 접촉이 이미 기원전 2천 년경부터 이루어지고 있었다.

페트라는 왕의 대로와 향로길이 교차하는 교통의 중심지로서 지리적 이점을 이용하여 중계무역을 하여 막대한 부를 이루었다. 왕의 대로와 향로길이 교차할 수밖에 없었던 주된 원인은 사막의 오아시스로서 물이 풍부했기 때문이다. 페트라는 아라비아 남부산 유향과 몰약과 사해의 역청을 수출하여 막대한 부를 축적함으로 오늘날 세계문화유산이기도 하고 세계 신 7대 불가사의가 된 바위 도시를 건설할 수 있었다.

페트라에서 카락으로 올라가는 왕의 대로를 타면, 깊은 계곡과 높은 산악지대를 오르락내리락 하는 산행길이라 무척 힘이 든다. 쇼박에는 십자군전쟁 당시 예루살렘 공국의 볼드윈이 건설한 십자군 성채가 남아 있다. 부세이라는 에돔족이 왕정체제를 수립한 후 2대 요밥 왕 이후 한동안 에돔 왕국의 수도였던 곳이다.

메드바에서 왕의 대로를 따라가다 보면 구약시대의 아모리족 시혼 왕의 영토 헤스본을 지나게 된다. 왕의 대로는 헤스본에서 계속 북쪽으로 올라가 요르단의 수도 암만과 북쪽 산악지역 제라쉬를 거쳐 시리아와의 국경도시인 람싸(구약의 길르앗 라못)에서 시리아의 수도 다마스커스로 올라가는 코스이다.

■■ 비아 마리스(Via Maris)

내륙으로 난 왕의 대로와 동시대에 쌍벽을 이루었던 길은 바로 해안을 따라 난 '해안도로'였다.

이집트의 알렉산드리아 지중해안을 따라 페니키아 즉 시리아와 레바논을 거쳐 터키의 아나톨리아로 올라가는 곳에 해안도로 '비아 마리스'(Via Maris)가 있다. 왕의 대로가 내륙으로 난 길이었고 주로 카라반에 의한 무역로 역할을 했다면, 해안길은 침략과 정복을 위한 군사도로 역할을 주로 담당했다. 이집트의 바로나 히타이트 제국의 왕들, 알렉산더,

시저 그리고 나폴레옹도 이 길을 이용하여 중동 정복의 길에 나섰다.

이사야 9장 1절에는 해변길로 언급되어 있는 이 길은 다마스커스에서 북쪽으로 연장하는 연장선이 되었다.

■■ 비단길(Silk Road)

비단길은 비단을 싣고 다니던 길이라 해서 붙여진 이름이다. 비단길은 이라크의 바그다드나 시리아의 다마스커스에서 출발하여 이란의 카스피 해를 따라 중국의 장안까지 이른다. 비단길 무역로를 통해서 중국의 비단과 자기, 인도의 면과 보석류, 걸프 국가들에서 나오는 바닷가의 진주, 아라비아 남부에서 생산되는 향품과 몰약 혹은 향신료가 그리스와 로마 세계로 혹은 페르시아와 중국으로 흘러 들어갈 수 있었다. 오래 전부터 이용된 동서양 간의 무역로였다.

12.
나바테아족의 멸망

나바테아족이 차지하여 번성했던 페트라가 쇠퇴하기 시작한 것은 로마에게 패망하고 무역로를 빼앗긴 이후부터였다. 로마는 이 지역을 정복하기 이전에 해상로를 새롭게 개척함으로써 왕의 대로나 향로길을 따라

형성되었던 상권을 그곳으로 옮겨갔다. 그리고 왕의 대로상에 위치한 이곳 페트라도 차지해 버렸다.

로마가 해상길을 개척하면서 상권이 박탈되고 무역로가 변경되면서 이곳 왕의 대로나 향로길 등이 쇠퇴하고, 그에 따라 왕의 대로상에 있던 페트라의 번영이나 발전도 중단되었다.

동시에 지진으로 수로와 댐도 부서져 물이 부족하게 되었다. 강우량도 줄어들어 살기 어렵게 되자 살던 사람들도 하나 둘씩 떠나기 시작해 페트라는 역사의 뒤안길로 사라져 버렸다.

페트라는 왕의 대로와 향로길에 위치해 있었다. 당시 왕의 대로와 향로길은 사우디에서 요르단을 거쳐 서쪽으로는 가자, 팔레스타인 지역으로 가서 그곳 지중해를 이용하는 무역이 성행했다. 다른 한쪽으로는 요르단 북쪽으로 시리아와 레바논, 터키까지 오고 가는 무역로였다.

이렇게 페트라는 왕의 대로상에 위치하여 통행료도 받고 오고가는 상인들에게 숙박이나 물을 제공하여 큰돈을 벌었다. 페트라 주변에는 구리가 많이 나 구리 때문에도 부를 이루었다. 페트라의 번성기는 주전 6세기부터 로마에게 멸망한 AD 106년까지 거의 500년간이나 지속되었다.

AD 106년에 로마 장군 트라야누스 황제에 의해 점령당하고부터 그 왕성한 상권은 시리아에 있는 보스라를 거쳐 시리아 북동부의 팔미라로 옮겨갔다. 팔미라가 번성할 수 있었던 이유는 그곳도 사막 한가운데 위치한 오아시스였기 때문이다. 그리고 AD 250년경 페트라에 있었던 상권은 로마에 의해 팔미라로 옮겨가 팔미라를 중심으로 번성하게 되었다. 하지만 이곳 팔미라도 AD 270년경 로마에 의해 완전히 점령당하고, 나바테아족은 세계사 속으로 사라져 버렸다.

사막의 오아시스, 시리아의 팔미라

페트라와 팔미라는 둘 다 사막에 있는 오아시스였다. 페트라 상권이 저물면서 팔미라 쪽이 번성하였다. 로마가 그렇게 만들었다.

팔미라는 그동안 사막 한가운데 오아시스로 전 세계 관광지로 주목을 받아 왔다. 로마 시대의 유적이 남아 있고, 사막 한가운데서 보는 일

∴ 팔미라

몰이나 일출이 장관이었다. 이 팔미라가 2011년 시작된 시리아 사태에 유적이며 그 모습이 그대로 유지될지 걱정스럽다. 2016년 현재까지도 계속되는 시리아 내전으로 팔미라를 비롯한 많은 유적들이 파괴되어 안타까울 따름이다.

13.
나바테아족이 주는 역사적 교훈

나바테아인들은 사우디아라비아의 마다안 살레헤와 요르단의 페트라 유적만 봐도 단번에 알 수 있을 정도의 찬란한 문화를 꽃피웠다. 그럼에도 불구하고 이들은 역사적 기록을 남기지 않아 이들의 역사는 모호하고 안개 속에 싸여 있는 것 같았다.

그래서 세계사 속에 그들에 대한 언급이 많지 않고 우리도 그들에 대해 잘 알지 못했던 것이 사실이다. 지금에라도 그들에 대해 알게 된 것이 다행이고 한때 대단했던 나바테아 제국을 통해 얻을 수 있는 역사적 교훈을 생각해 보자.

첫째, 이들은 자신들이 사막에 사는 베두인으로서 부족함을 알고 적극적으로 이집트, 페르시아, 로마의 신전 문물을 배워 자신들의 문화로 받아들이고 승격시켰다.

요르단 페트라에 있는 알 카즈나(보물) 신전은 이들이 이루어 놓은 훌륭한 문화유산이다. 나바테아족의 왕들은 직접 로마에 가서 선진 문물을 배우기도 하였으며 재능 있는 청년들을 로마로 보내 수련하도록 했다. 이들의 돌을 깎고 다루는 기술이라든지 건축술은 당시 로마에서도 유명하여 초빙되기도 하였다. 또한 페트라에서 발견된 두께 2mm짜리 토기는 그들의 섬세한 토기 제작 기술을 보여준다.

둘째, 이들은 열악한 환경을 극복하고 왕국을 건설하였다. 이들이 거주했던 페트라 지역만 해도 연중 강우량이 250mm밖에 되지 않는 열악한 자연환경이다. 그러나 이런 환경에 굴복당하지 않고 사막의 오아시스와 함께 이를 잘 관리하여 왕국을 통과하는 대상들에게 물과 숙소를 제공하고 부를 창출하였던 놀라운 비즈니스 수완을 발휘하였다.

페트라에 가면 바위틈에 난 무화과나무와 이름 모를 나무들 그리고 풀들을 볼 수 있다. 어떻게 저런 바위틈에서 살아갈 수 있을까 모두 의아해한다. 환경을 탓하고 비관하여 포기하거나 불평하는 사람들에게 삶의 교훈을 주는 것 같다.

또한 나바테아인들은 자신들에게 있는 주요 고대 통상로를 보호 관리하여 대상들의 활동을 장려하고 통행세를 받아 부를 쌓았다. 이들이 장악한 통상로만 해도 요르단과 시리아를 남북으로 이어주는 왕의 대로와 페르시아와 로마로 이어주는 유프라테스 강의 뗏목길, 중국으로 이어지는 비단길, 바그다드에서 요르단의 암만으로 이어지는 사막 대상길, 걸프만에서 페트라를 거쳐 지중해로 이어지는 향료길 등이 있다. 이처럼 나바테아 왕국은 없는 것은 보충하고 있는 것은 극대화하여 주어진 환경을 긍정적으로 받아들여 엄청난 부를 이루었다.

셋째, 이들은 무역을 하면서 요르단과 시리아를 잇는 고대 주요통상로를 통해 동서 문물의 교류에도 한몫을 하였다. 나바테아인은 당시 양대 제국이었던 로마와 페르시아 사이에 끼어 자칫 전쟁터가 될 운명이었지만 훌륭한 외교 수완으로 완충 역할을 하면서 동서 문물 교류의 장을 만들었다.

결론적으로, 지금은 지나간 과거가 되어 역사의 뒤안길로 사라진 민족이 되었지만 한때는 엄청난 번성을 누렸던 나바테아족에 대해 알게 되면서 현재 우리의 상황에 적용해 볼 수 있을 것이다.

페트라 요르단의 세계 신 **7**대 불가사의
에돔족과 나바테아족의 본고장

1판 1쇄 인쇄 _ 2016년 10월 15일
1판 1쇄 발행 _ 2016년 10월 22일

지은이 _ 이지영
펴낸이 _ 이형규
펴낸곳 _ 쿰란출판사

주소 _ 서울특별시 종로구 이화장길6
편집부 _ 745-1007, 745-1301~2, 747-1212, 743-1300
영업부 _ 747-1004, FAX 745-8490
본사평생전화번호 _ 0502-756-1004
홈페이지 _ http://www.qumran.co.kr
E-mail _ qrbooks@gmail.com/qrbooks@daum.net
한글인터넷주소 _ 쿰란, 쿰란출판사
등록 _ 제1-670호(1988.2.27)
책임교열 _ 오완

ⓒ 이지영 2016 ISBN 978-89-6562-941-2 03230

책값은 뒤표지에 있습니다.
이 출판물은 저작권법에 의해 보호를 받는 저작물이므로 무단 복제할 수 없습니다.
파본(破本)은 구입처에서 교환해 드립니다.